THOMAS KLAPPSTEIN

Steinewerfen?!? – ohne mich!

Beobachtungen eines PGS-Agenten
erzählt am STORYTABLE

AF191016

THOMAS KLAPPSTEIN

STEINEWERFEN?!? – OHNE MICH!

Beobachtungen eines PGS-Agenten
erzählt am STORYTABLE

ThoKla-Storytable-Edition

Für ...

    ... Neugierige

    ... an guten Geschichten Interessierte

    ... Geheimagenten, ehemalige und aktive

    ... meine Kids Ronja und Lennart
       (für die ganz besonders ☺)

Bibliografische Information der Deutschen Nationalbibliothek:
Die Deutsche Nationalbibliothek verzeichnet diese Publikation
In der Deutschen Nationalbibliografie; detaillierte bibliografische
Daten sind im Internet unter dnb.dnb.de abrufbar

Impressum:
Alle Rechte vorbehalten
© 2024 Thomas Klappstein
Coveridee und Coverbasisvorlage: Thomas Klappstein
Einbandgestaltung: Silja Dreyer (DREYER DESIGN)
Satz und Satzgestaltung: Silja Dreyer
Dieses Cover wurde mit Ressourcen von Freepik.com erstellt
Zeichnungen & Skizzen & Fotos: Thomas Klappstein
Herstellung und Verlag: BoD – Books on Demand, Norderstedt bei
Hamburg 2024
ISBN 978-3-7597-3041-1

Auch als eBook erhältlich

INHALT

VORWEG

Die herrschende Schicht im Staat ist alarmiert. In der Öffentlichkeit tritt eine Person auf, die offenbar große Popularität und zunehmende Sympathien in der Bevölkerung genießt. Wenn diese Person auftritt und Reden hält, versammelt sich meist eine große Menschenmenge, um deren Ausführungen zu lauschen. Die Thesen der Person zum Leben, zur Gestaltung der Gesellschaft und zum Umgang miteinander unterscheiden sich teilweise sehr von dem, was die Herrscher bisher als Regeln festgeschrieben haben und auf denen z. T. ihre Macht beruht, die sie am liebsten zementieren würden. Jemand ist aufgetaucht, der die öffentliche Ordnung stört, ihre Gesetze scheinbar ignoriert und anscheinend kurz davor ist, eine Revolution anzuzetteln. So das Empfinden der Führungsschicht, die Angst um ihre Macht und Privilegien hat.
Deshalb wurde der interne Geheimdienst im Staat beauftragt. Und dieser wiederum beauftragt einige seiner Agenten, sich unters Volk zu mischen und diese Person zu observieren und regelmäßige Berichte an den „Pharisäischen Gesetzesschutz" (PGS), so der Name des Geheimdienstes, zu liefern, um Material zusammenzutragen, damit diese Person aus dem Verkehr gezogen werden kann.

Sebadja ist einer der Agenten im Auftrag des PGS. Im Laufe seiner Observationen wachsen Zweifel am Sinn seines Auftrages und der Motivation seiner Auftraggeber, je mehr er sich mit den Worten und Taten der zu observierenden Person auseinandersetzt. Diese hat scheinbar eine Botschaft aus einer anderen Welt – so kommt es ihm vor – und eine echte Mission. Die Zweifel kann und will er nicht nur mit sich selbst ausmachen.

Deshalb fängt er an Einblicke in seine Aufzeichnungen über diesen Wanderprediger Jesus weiterzugeben, den er möglichst unauffällig beobachten soll. Zunächst in seinem Urlaub. An Menschen an einem Platz und Ort, der weit ab vom eigentlichen Geschehen ist und der für ihn vermeintlich kein Risiko bedeutet. Irgendwer hat mitgeschrieben. Zunächst einmal sieben dieser Einblicke sind jetzt aufgetaucht ...

... vor ungefähr 30 Jahren hat mein Freund Sebadja das Licht der Welt erblickt, vor 20 Jahren das literarische Licht der Welt. Entwickelt habe ich die Figur für eine Jugendgottesdienstreihe, die ich zusammen mit einem Mitarbeiterteam einer Kirchengemeinde der Grimmepreisstadt Marl entwickelt habe, in der ich damals als Pastor aktiv war. Präsentiert wurden Sebadjas „Beobachtungen" im von mir angenommenen Outfit eines Geheimagenten, ganz in schwarz gekleidet, mit Sonnenbrille. Intention war es, die Position eines Beobachters einzunehmen, der in seinem Leben auf einmal mit der zentralen Person des Christentums konfrontiert wird (was aber zu dem Zeitpunkt, in der die Storys angesiedelt sind, noch niemand wissen konnte) mit Jesus Christus. Zunächst nicht wirklich etwas anfangen kann mit diesem Mann, aber anfängt sich kritische und auch unkritische Gedanken zu dem zu machen, was er bei dem öffentlichen Auftreten dieser Person beobachtet hat. Sich also annähert. Um dann irgendwann für sich zu entscheiden, bleib ich da dran oder ist das alles nichts für mich. Also die Position eines interessierten Skeptikers einnimmt.

Später habe ich Sebadja in Calvi auf Corsica seine Erlebnisse schildern lassen. Von 2000 bis 2012 auf insgesamt 14 „Junge Erwachsenen Freizeiten" (JEF), die ich geleitet habe. Die erste zusammen mit Ingo Bröckel, einem Bremer Pastorenkollegen und dann 12 JEFs mit meinem Theologen- und Autorenkol-

legen und vor allem aber guten Freund Frank Bonkowski. Eine zusammen mit meiner tollen Frau Claudia. Auch auf einer Skifreizeit in Kärnten hat Sebadja schon vorbeigeschaut. Und in Dresden.

Zwischenzeitlich habe ich die Manuskripte einem Verlag angeboten und 2004 erschien mein erstes eigenes Buch, das als Kern die „Sebadja-Storys" beinhaltete. Im Aussaat Verlag der Neukirchner Verlagsanstalt, Neukirchen-Vluyn. Allerdings als Prasixbuch mit dem Titel „Junge Gottesdienste gestalten". Nur der Untertitel hieß „Aus den Beobachtungsprotokollen eines PGS-Geheimagenten". Um die Storys herum wurden komplette Jugendgottesdienst-Programm-Entwürfe veröffentlicht, von denen sich Mitarbeiter der kirchlichen Jugendarbeit inspirieren lassen oder auch 1:1 übernehmen konnten. Eigentlich hätte ich schon damals gerne nur die Sebadja-Storys veröffentlicht gesehen. Aber froh und dankbar, daß es überhaupt zu einer Buchveröffentlichung kommt, habe ich dieser Kompromisslösung zugestimmt. Das Buch hat sich damals gut verkauft, ist vergriffen, u. U. aber noch vereinzelt über Antiquariate zu bekommen.

Viele Bücher weiter, habe ich des Öfteren immer wieder darüber nachgedacht, einige der Storys zu überarbeiten und noch einmal in Buchform zu veröffentlichen. Ohne Drumherum; pur sozusagen. Nur Sebadja und seine Gedanken. Nach 20 Jahre ist die Zeit reif, habe ich entschieden. Die Storys wurden während einer Auszeit am Starnberger See in Bayern überarbeitet und Sebadja berichtet von seinen Beobachtungen nun an einem „Storytable" (Geschichten-Tisch) in einem griechischen Bergdorf, wohin er sich ab und an zurückzieht. So einen „Storytable" habe ich im Jahre 2020 in dem Bergdorf Kournas auf der griechischen Insel Kreta entdeckt. Zusammen mit meinem guten Freund Frank. Wir sind von der Küste mit dem Fahrrad dort hochgefahren, um es zu erkunden. Haben die Räder auf dem Dorfplatz abgestellt, einen Espresso in einer der Tavernen getrunken und wollten dann zu Fuß das Dorf erkunden. Wir kamen ungefähr 100 Meter weit. Dann entdeckten wir so einen

„Storytable", der vor einem kleinen Laden (Mandali Store) stand und von Arno und Barbara betrieben wurde, einem holländischen Ehepaar, die seit vielen Jahren auf Kreta leben und mittlerweile adoptierte Kretaner sind. Arno stand gerade draußen, wir sprachen ihn auf den „Storytable" an, setzten uns gemeinsam an diesen Tisch und Stunde um Stunde verging mit guten Geschichten. Arno meinte, so einen Tisch hätte es früher in jedem Bergdorf gegeben. Dort wurden nicht nur Geschichten erzählt und diskutiert, sondern auch Überlieferungen aus der Geschichte an die nächste Generation weitergegeben. Es wurde langsam dämmerig während unserer Unterhaltung und wir mußten noch zurück an die Küste in unsere Unterkunft. Vom Dorf haben wir an diesem Tag nicht viel gesehen. Das haben wir dann ein paar Tage später nachgeholt. Aber der „Storytable" hatte es uns angetan. Wie man sieht bzw. liest, mir bis heute. Und so lasse ich den aktuellen Sebadja die Erlebnisse aus seinen Beobachtungsprotokollen am „Storytable" eines fiktiven Bergdorfes einer griechischen Insel berichten...

... warum aus Sicht eines Geheimagenten? Es sollte eine Person sein, die eine Außensicht auf die Ereignisse um Jesus herum hat. Damals fand ich die Idee gut, in die Rolle eines fiktiven Geheimagenten zu schlüpfen und dieses Figur zu entwickeln.

Finde sie auch heute noch gut. In einer Zeit, in der Geheimdienste offensichtlich wieder mehr denn je am Werke sind. Ob vor knapp 2000 Jahren und davor oder im aktuellen Weltgeschehen: Menschen, Machthaberinnen und Machthaber vergessen schnell, warum und wieso ihnen Macht verliehen worden ist. Dass diese Macht eine zeitliche Begrenzung hat, genau wie ihr Leben, und vor allem mit Verantwortung einhergeht. In dieser begrenzten Zeit sollte Macht, die oft mit Privilegien ausgestattet ist, zum Wohle der Menschen eingesetzt werden, für die man Verantwortung übernommen hat. Und zum Wohle des Staates oder dem

Volk, dem man vorsteht. Aber irgendwann finden nicht wenige Machthaber Gefallen an dieser Macht, klammern sich daran, schalten jegliche Opposition und kritische Stimmen aus und vielleicht vergessen sie auch, daß ihr Leben endlich ist. Dass sie irgendwann Rechenschaft ablegen müssen darüber, wie sie ihre Position ausgeübt und damit ihre Macht eingesetzt haben.

Sie fangen an, einen Überwachungsstaat aufzubauen. Auch wenn die Geschichte, selbst die jüngere Geschichte eigentlich gelehrt hat, dass nichts von Dauer ist.

Genau wie damals, als Sebadja aktiv war. Auch Jesus wurde (später) zunächst einmal ausgeschaltet. Doch das war nicht von Dauer. Nach drei Tagen erschien er wieder auf der Bildfläche. Und über ihn und seine Worte redet und diskutiert man noch heute. Wie nah man Jesus und seine Worte an sich heran lässt, entscheidet jeder selbst. Genau wie Sebadja.

Ich wünsche allen eine inspirierende Lektüre.

Thomas Klappstein
Duisburg am Rhein u. der 6-Seen-Platte
& Bernried am Starnberger See im Frühjahr 2024

P.S. Wo man die Originalstorys nachlesen kann, von denen Sebadja berichtet, steht am Ende dieses Buches...

P.P.S. Ein besonderer Dank geht an meine liebe Frau Claudia, die sich der Texte noch mal angenommen, Korrektur gelesen und so manchen konstruktiven Formulierungsvorschlag beigesteuert hat. Und an Silja Dreyer, die wieder für ein tolles Outfit des Buches gesorgt hat.

1 ANDERS ALS GEDACHT

Hallo, darf ich mich zu euch setzten? Hier ist ja richtig was los im Bergdorf. Ich beobachte das schon einige Tage vom Fenster meiner Herberge aus oder wenn ich am Abend noch einen Spaziergang unternehme. Habe ich nicht erwartet. Auch nicht so einen „Storytable". Diesen Tisch im Zentrum des Dorfes, im Schatten eines großen Baumes. Hier erzählt ihr euch wohl eure Geschichten, tauscht euch aus. Darüber, was tagsüber so los war. Und wenn jemand unterwegs Neuigkeiten aus der Region aufgeschnappt hat oder von den Seeleuten im Hafen unten in der Küstenstadt mitbekommen hat, was in anderen Regionen der Welt los ist, dann wird das hier berichtet. Manchmal habe ich mitbekommen, daß hier auch heftig und kontrovers diskutiert wird. Aber immer respektvoll. Über politische Themen oder über die Sinnfragen des Lebens. Wo kommen wir her, wo gehen wir hin, warum sind wir hier? Gibt es einen Schöpfer, einen Gott? Oder mehrere?

- Wie bitte? ... Nein, ich lausche nicht extra. Ihr seid aber nicht gerade leise und der Wind trägt eure Worte schon oft bis zum Fenster meiner Herberge. Und, wie gesagt, manches schnappe ich bei meinen abendlichen Spaziergängen auf. –

Und was mir besonders gut gefällt, jeder bringt was mit für das leibliche Wohl. Die einen eine Karaffe Wein oder Wasser, andere Oliven, Käse oder von dem guten Brot hier auf der Insel. Von außen wirkt das wirklich sehr attraktiv. Scheint eine tolle Gemeinschaft zu sein hier im Dorf und an eurem „Geschichtentisch". Eigentlich hatte ich gar nicht vor, hier neue

15

Kontakte zu knüpfen, mich unters Volk zu mischen oder am Dorfleben teilzunehmen.

Eigentlich wollte ich ein bisschen Urlaub in dieser Region, auf einer der griechischen Inseln machen. Weit ab vom Geschehen in meinem Land, das auch am Mittelmeer liegt. Mal alles hinter mir lassen. Ich wußte ja schon fast gar nicht mehr, wer ich überhaupt bin, was ich überhaupt will. Einfach mal abschalten wäre gut, habe ich mir gesagt. Habe Urlaub und das nächstbeste Schiff zur nächstbesten griechischen Insel genommen. Ich stelle aber fest, das geht bei mir einfach nicht; das Abschalten. Bei dem, was ich in den letzten Wochen und Monaten so alles erlebt habe. Das kann ich auch eigentlich gar nicht für mich behalten. Ich hab' da echt irre Sachen erlebt. Und wenn ich sowieso schon mal hier bin, dann kann ich mich auch an eurem „Storytable" beteiligen, solange ich hier auf der Insel bin. Danke, daß ihr mir einen Platz in Eurer Mitte anbietet.

Ich muss euch wirklich unbedingt etwas erzählen. Eigentlich dürfte ich es gar nicht. Aber, ... egal. Ich hab' da echt irre Sachen erlebt.! Und da ich jetzt hier bei euch am Tisch sitze, will ich es auch loswerden. Ihr seid ja auch offen für Neues. Und es kann ja auch erstmal hier auf der Insel bleiben. Soll es auch.

Ich weiß noch genau, wie alles angefangen hat. Ich war mit meinen Kollegen mal wieder unterwegs, um eine verdächtige Person zu observieren. Jemanden, der die öffentliche Ordnung störte, Gesetze ignorierte und anscheinend kurz davor war, eine Revolution anzuzetteln. Zumindest hatte diese Person, es handelte sich um einen Mann, eine ganze Menge Sympathisanten im Volk. Außerdem hatte er einen harten Kern von Männern um sich versammelt, die ihn ständig begleiteten. Meinem Dienstherrn war die ganze Angelegenheit jedenfalls höchst suspekt. Man wartete auf die Gelegenheit, diesen Revoluzzer auf frischer Tat zu erwischen, um ihn dann von der Bildfläche verschwinden zu lassen und ihn einzubuchten.

Meine Kollegen und ich sollten ausreichende Beweise sammeln, um diesen Typen verhaften zu können. Bei groben Gesetzesverstößen sollten wir sofort einschreiten und ihn dingfest machen. Meine Dienstbehörde war ganz heiß auf diesen Rabbi, wie er oft im Volk genannt wurde.

Kein Problem, dachte ich damals. Ein guter Auftrag, um ein paar Pluspunkte für die Personalakte zu sammeln und die nächste Beförderung ein bisschen zu forcieren.

...Was meint ihr? Ach so, ja, ich habe mich noch gar nicht vorgestellt. Entschuldigt bitte. Sebadja ist mein Name. Ich arbeite beim PGS, beim Pharisäischen-Gesetzes-Schutz.

Die Pharisäer, meine Auftraggeber, sind in dem Staat, aus dem ich komme, so etwas wie die gesellschaftliche Führungsschicht. Sie bestimmen das religiöse Leben und achten auf die Einhaltung der oft religiös motivierten Gesetze, beeinflussen dadurch auch unser gesellschaftliches Leben. Damit nichts aus den Fugen gerät oder Entwicklungen stattfinden, die die bestehenden Strukturen in Frage stellen oder sogar zum Einsturz bringen könnten, dafür gibt es den PGS und seine Mitarbeiter.

Wie gesagt, ein guter Auftrag, dachte ich. Und auch relativ einfach auszuführen. Die zu observierende Person trat eigentlich immer öffentlich auf, und meistens war eine ganze Anzahl Menschen um ihn herum versammelt. Es war also ein Leichtes, sich unter das Volk zu mischen und ihn zu beobachten. Wie sich herausstellte, war es nicht nur ein leichter, sondern vor allem ein interessanter Auftrag. Da habe ich Dinge gehört und gesehen, die erlebt man nicht alle Tage. Zum Teil waren einmalige Erlebnisse dabei. Dieser Mann hatte echt Charisma. Die Leute blieben oft stundenlang sitzen, um ihm zuzuhören. Er tat Wunder, anders kann ich es nicht beschreiben. Er machte Blinde sehend oder Wein aus klarem Wasser. Er sprach von einer Neugeburt und erweckte Menschen, die bereits tot waren, wieder zum Leben. Ja tatsächlich. Natürlich nicht ständig, aber es kam vor. Wahnsinn! Manchmal frage ich mich, was es an diesem Mann auszusetzen gab. Der war doch eigentlich echt ein Glücksfall für unsere Gesellschaft.

Ich fing schon an, am Sinn meines Auftrages zu zweifeln. Aber dann waren da noch die anderen Erlebnisse, die mich doch stutzig machten. Dieser Mann, sein Name ist übrigens Jesus, behauptete, Gottes Sohn zu sein. Sohn des Höchsten, des Schöpfers also. Na ja, das war dann doch ein ganz schöner Hammer! Gottes Sohn! Das grenzte, nein, das war schon Blasphemie. So waren meine ersten spontanen Gedanken. Und dann behauptete er noch, gekommen zu sein, um Menschen aus Sünde zu befreien. Also aus Abhängigkeiten, die nicht gut sind für ihr Leben und für sie als Person. Und das kann doch kein Mensch! Wir können uns vor solchen Dingen nur schützen. Und damit das gelingt, dafür gibt es die Gesetze. Und die übertrat er nun wirklich häufig genug, mit Vorliebe das Arbeitsverbot am Sabbat. Gerade am Sabbat tat und sagte er Dinge, die er lieber unterlassen hätte. Das mußte ja die Pharisäer, also meine Auftraggeber, provozieren. Die Frage des Sabbats, des freien Tages in unserer Gesellschaft und wie man mit diesem Tag umgeht, war eines ihrer Spezialgebiete. Hatte eine echte Priorität, weil man damit viel steuern konnte. Auch machtpolitisch. Darüber gab es viele Diskussionen und lange Abhandlungen . So wurde z. B. darüber sinniert, ob ein Ei, das eine Henne am Sabbat gelegt hat – und somit einen Arbeitsvorgang darstellt – gegessen werden darf. Letztlich kamen sie zu dem Schluß, daß das Ei, wenn es denn verzehrt werden soll, zubereitet werden muß. Somit fiel die ganze Sache in den Bereich der Speisezubereitung, was natürlich eindeutig Arbeit ist. Folglich darf ein Ei, das von einer Henne am Sabbat gelegt wurde, nicht gegessen werden. Verrückt oder?

Gerade an diesem so sensiblen Tag tat und sagte dieser Jesus Dinge, die er lieber unterlassen hätte. Aber auch oft genug an anderen Tagen. Kein Wunder, daß wir eingeschaltet wurden und den Observationsauftrag bekamen.

Er hätte überhaupt keine Probleme bekommen, wenn er sich an die pharisäische Ordnung gehalten hätte. Den Ärger hat er sich selbst zuzuschreiben. Man muß halt den Leuten auch ein bißchen nach dem Mund reden, dann hat man es einfacher im Leben. Aber vielleicht wollte dieser Jesus es gar nicht einfacher haben. Und manchmal habe ich auch gedacht, so unrecht hat er mit vielen Dingen gar nicht. Aber das durfte ich auf keinen Fall äußern. Dann wäre es aus gewesen mit Job und Karriere.

An so einem Sabbat waren Jesus und seine Gefolgsleute mal wieder unterwegs. Er hatte da so einen Kern von 12 Leuten, die immer mit ihm gingen. An diesem besagten Sabbat spazierten sie durch ein Kornfeld. Und seine Gefolgsleute hatten nichts Besseres zu tun, als Ähren auszuraufen und diese dann zu essen. Dabei ist doch im pharisäischen Gesetz ganz klar definiert, daß

Ährenausraufen Arbeit ist. Und Arbeit ist am Sabbat nun mal verboten. Dummerweise oder auch glücklicherweise, je nachdem wie man es sehen will, waren auch gerade ein paar Pharisäer in der Nähe. Natürlich sprachen sie Jesus sofort an und fragten ihn, was seine Nachfolger da Unrechtes tun würden.

Auf diese Antwort war ich jetzt natürlich gespannt. Aber so unrecht empfand Jesus die Situation anscheinend gar nicht. Er verwies einfach auf eine in den alten Schriften festgehaltene Begebenheit, in der David, einer der großen Führer unseres Volkes Israel, sich ähnlich verhalten hatte. Wo er einfach Gesetz Gesetz sein ließ, um für sich und seine Leute etwas zu essen zu besorgen.

Um dem Ganzen noch die Krone aufzusetzen und die Pharisäer vollends zu kompromittieren, fügte Jesus noch hinzu, daß der Sabbat um des Menschen willen gemacht wurde und nicht der Mensch um des Sabbats willen. Und außerdem sei er auch Herr über den Sabbat. Das war starker Tobak für meine Auftraggeber und den Leiter des PGS. Das stellte die herrschende Autorität in Frage.

Dumm oder auf den Mund gefallen, war dieser Jesus in der Tat nicht. Das war offensichtlich und er kannte sich gut aus in den historischen und theologischen Schriften unseres Volkes. Je öfter ich ihn beobachtete und über seine Handlungen und Aussprüche nachdachte, desto mehr beschlichen mich Zweifel an der Richtigkeit meines Auftrages.

Der Sabbat ist um des Menschen Willen gemacht und nicht der Mensch um des Sabbats Willen. Über diesen Satz, in dieser Situation, habe ich lange nachgedacht. Klar, das Gebot, am Sabbat nicht zu arbeiten, findet man in den Zehn Geboten unseres allmächtigen Gottes. Für uns ist er das. Aber dort steht nur, daß man nicht arbeiten und sich stattdessen ausruhen soll. Einfach mal ausspannen. Und es ist doch auch gut, daß Gott so an uns Menschen denkt. Und, ehrlich gesagt, durchs Kornfeld spazierenzugehen und mit Ähren seinen Hunger zu stillen, ist doch durchaus entspannend. Die Alternative wäre vielleicht eine Wasserskitour auf dem See Genezareth - wenn man genug Ruderer zusammenbekommt. Aber das hätte ja schon wieder mit Arbeit zu tun.

Eigentlich habe ich mich mit Gott schon lange nicht mehr beschäftigt. Ich sehe' nur noch die Zäune des ganzen Zeremonialgesetzes und der äußeren Religionspflichten. Schließlich wurde der Sabbat für den Menschen geschaffen und nicht der Mensch für den Sabbat. Diese Worte gehen mir wirklich nicht mehr aus dem Sinn. Wisst ihr, wenn das wahr ist, dann ist Gott ganz anders, als ich bisher immer gedacht habe. Dann steht hinter den Geboten Gottes eine Liebe, die zum Leben helfen will zum Wohle der Menschen und nicht zu ihrem Schaden, nicht um sie zu knechten oder drangsalieren. Und wenn dieser Jesus wirklich Gottes Sohn ist, wie er behauptet, dann müßte er etwas widerspiegeln von Gottes Wesen.

Darüber muß ich unbedingt weiter nachdenken und noch einiges in den alten Schriften nachlesen. Obwohl - das könnte mein Leben ändern. Und ob das meinem Arbeitgeber gefällt? Würde mir selbst das gefallen? Wieso gerate ich nur immer in so komische Situationen?

Aber es ist spät geworden. Ich habe gar nicht gemerkt, wie die Zeit vergeht. Ihr wollt ja auch noch was erzählen. Sorry, daß ich hier soviel Raum eingenommen habe. Aber das mußte ich mal los werden.

Wie bitte? Genug erzählt für heute? Jetzt ist Zeit für ein bisschen Livemusik? Auch gut. Eigentlich wollte ich ja gleich in meine Herberge gehen. Aber da bleibe ich doch gerne noch ein bisschen. Euer Storytable ist echt klasse. Da komme ich garantiert wieder vorbei. Ist noch ein bisschen Wein da?

2 WER'S GLAUBT, WIRD SEHEND

Hallo! Wir kennen uns doch! Na ja, soweit man nach einem einmaligen Zusammentreffen von „Kennen" reden kann. Aber zumindest flüchtig. Jedenfalls:

Es war das letzte Mal so schön bei euch. Nette Leute, leckere Snacks, guter Wein, gute Gespräche und zum Abschluß sogar auch noch ein bisschen Livemusik. Und euer Storytable hat's mir echt angetan. Dieser Stammtisch hier oben im Bergdorf. Da wollte ich einfach mal wieder vorbeischauen.

Vielleicht erinnert Ihr euch, daß ich so'n bisschen aus meinem beruflichen Leben geplaudert hatte. Durfte ich ja eigentlich nicht. Aber ich mußte letztes Mal, als ich hier war, einfach einiges loswerden. Das ganze hatte meinen Dienstvorgesetzten auch tatsächlich nicht gefallen. Irgendwie hatten sie es herausbekommen. Selbst hier, weit ab vom Geschehen. Entweder ein anderer PGS-Agent war auch gerade hier auf der Insel – wir kennen uns nicht alle untereinander, ist gewollt so –, und hat hier auch seine Urlaubstage verbracht, saß vielleicht sogar mit am Tisch oder meine Dienstvorgesetzten haben noch einen Extra-Geheimdienst installiert, der unsere Tätigkeiten im Blick hat. Eine interne Ermittlungsabteilung.

Jedenfalls gab es einen ganz schönen Anschiß beim letzten Rapport. Na ja, entlassen worden bin ich noch nicht, nur mit der nächsten Beförderung wird es ein wenig länger dauern. Dabei bin ich doch ursprünglich davon ausgegangen, daß mein derzeitiger Auftrag eine leichte Angelegenheit sei, gut, um ein paar Pluspunkte für die Personalakte zu sammeln.

Also, für diejenigen, die sich nicht mehr so genau an mich erinnern können oder beim letzten Mal nicht dabei waren, stelle ich mich einfach noch einmal vor: Sebadja ist mein Name. Und beschäftigt bin ich beim PGS, beim Pharisäischen-Gesetzes-Schutz.

Zu meinem Hauptauftrag gehört die Observation dieses charismatischen Wanderpredigers Jesus. Ich habe Euch, jedenfalls einigen, ja von ihm erzählt. Der, bei dem die Leute stundenlang sitzenbleiben um ihm zuzuhören. Der Wunder ermöglicht, Wein aus klarem Wasser herstellen kann und Menschen, die bereits tot waren, wieder zum Leben erweckte. Und der behauptete, Gottes Sohn zu sein. Was ja nichts anderes bedeutet, als daß er auch irgendwie Gott sein muß. Solche Aussagen mußte die Pharisäer, die Gesetzeshüter, ja provozieren. Daher war es nur logisch, daß wir vom PGS den Observationsauftrag bekamen.

So ganz nebenbei, hat heute Morgen jemand ein Ei gegessen? Falls ja, ist auch gecheckt worden, wann die Henne das Ei gelegt hat? Solltet Ihr lieber drauf achten.

Ich komme gerade wieder von so einem Einsatz zurück. Die Tinte des Protokolls ist quasi noch feucht – habe es gleich nach Ende des Einsatzes geschrieben.

War wieder eine starke Sache, die da gelaufen ist. Bis nach Jericho ging die Reise diesmal. Also eines muß man sagen, bei diesem Job kommt man echt rum. Wenn ich diese Reisen als normaler Tourist unternähme, bliebe von meinem Sold nicht mehr viel übrig. Wie gesagt, dieses Mal bis nach

Jericho. War ganz nett dort. Und da zunächst nicht allzuviel passierte, hatten wir auch Zeit, uns ein bisschen auszuruhen. Die Sonne schien, die Biergärten hatten geöffnet und vom Toten Meer wehte eine leichte Brise hoch.

Aber als Jesus Jericho dann wieder verlassen wollte, passierte doch noch etwas Außergewöhnliches. ....Eigentlich dürfte ich das ja nicht erzählen, -ihr wißt schon, wegen Dienstherrn und Beförderung - aber egal, warte ich halt noch länger. Denn das, was man bei und mit diesem Jesus erlebt, ist schon unglaublich. Kann man nicht wirklich für sich behalten.

Also, Jesus war gerade dabei, Jericho wieder zu verlassen. Natürlich umringt von seinen zwölf ständigen Begleitern und einer riesigen Menschentraube - ich mittendrin - da drang auf einmal ein sehr lauter Schrei an mein Ohr. Schon fast ein Brüllen. Ihr könnt Euch bestimmt vorstellen, daß so eine große Menschenmenge viel Lärm macht. Jeder genoß es, in der Nähe von Jesus zu sein. Um dagegen anzukommen, musste man sich schon ordentlich anstrengen.

Auf jeden Fall erreichte mich dieser Schrei: „JESUS, DU SOHN DAVIDS, ERBARME DICH MEIN!". Einige drehten sich um. Andere reagierten gar nicht, weil sie wohl nichts gehört hatten. Auch ich drehte mich um. Und nach einigen suchenden Blicken entdeckte ich den, der so laut geschrien hatte. Am Wegesrand saß da so ein Bettler. Bartimäus hieß er.

Woher ich das weiß? Ich habe ihn gefragt.

Nun, ist es nichts Ungewöhnliches, daß in unseren Städten und Dörfern Bettler 'rumhängen. Diejenigen, die durch das soziale

Netz fallen, das bei uns sowieso sehr weitmaschig geknüpft ist, müssen ja irgendwie klar kommen und für ihren Unterhalt sorgen. Meistens geht es ihnen gesundheitlich nicht besonders gut. Sie haben eine schwere Krankheit wie Lepra, sind lahm oder haben andere Gebrechen. Eigentlich beachtet man sie kaum. So lange sie sich ruhig verhalten, läßt man sie auch in Ruhe. Aber wenn sie sich dann doch einmal zu Wort melden, dann gerät die Bürgerschicht in Aufruhr. Und so war es auch in diesem Fall.

Bartimäus, der, wie man sehr schnell erkennen konnte, blind war, schrie wirklich aus Leibeskräften: „JESUS, DU SOHN DAVIDS, ERBARME DICH MEINER!". Irgendwie hatte er es aufgeschnappt, das in dem Menschenpulk, der da akustisch an ihm vorbeizog, Jesus steckte. Wenn Jesus in die Gegend kommt, dann bleibt das einfach nicht verborgen. Das habe ich schnell festgestellt.

Also schrie Bartimäus so laut er konnte. Und ruckzuck hatte er den Zorn einer ganzen Anzahl von diesen Nachfolgern Jesu auf sich gezogen. „Halts Maul!", brüllten einige zurück. „Schnauze!" fauchten andere. „Was willst du eigentlich von Jesus? Du bist doch behindert. Was soll er mit dir anfangen?"

„Typisch", dachte ich, „jeder dieser sogenannten Nachfolger will Jesus für sich haben". Geschlossene Gesellschaft. Keinen Blick für die, die wirklich Hilfe brauchen. Hauptsache, mir geht es gut. Hauptsache, ich bin in der Nähe von diesem tollen Typ Jesus. Anstatt eine Gasse zu bilden und demjenigen den Weg freizumachen, der die Begegnung mit Jesus wirklich nötig hat.

...Oh man, jetzt rede ich ja fast schon wie so ein Fan von diesem Jesus. Laßt das bloß den PGS nicht hören...

Na ja, Bartimäus jedenfalls kümmerte sich gar nicht um die Verbalattacken des mitziehenden Menschenvolkes. Im Gegenteil, er schrie noch lauter: „JESUS, DU SOHN DAVIDS, ERBARME DICH MEINER!" Und auf einmal musste auch Jesus diesen Hilfeschrei gehört haben. Er blieb stehen, horchte kurz auf und sagte: „Ruft den her, der da so laut schreit".

Und siehe da, diejenigen, die Bartimäus gerade noch das Wort verbieten wollten, waren wie umgewandelt. Wirkten fast ein bisschen verschämt. Als ob sie auf einmal wieder kapiert hatten, weshalb Jesus überhaupt durch die Gegend zog. Sie riefen dem blinden Bartimäus fast aufmunternd zu: „Komm her, steh auf! Jesus ruft Dich!"

Und Bartimäus hatte nichts Eiligeres zu tun, als zunächst seinen Mantel von sich zu werfen. Fast der einzige Besitz eines Bettlers, bis auf das, was er tagsüber so zusammenbekommt. Der Mantel schützt ihn vor Kälte und zu starker Sonneneinstrahlung. Und nachts muß er häufig noch als Bettdecke dienen.

Und dieses gute Stück war auf einmal Ballast. Ich mußte mich schon sehr wundern. Er warf ihn also beiseite, sprang auf und ging direkt auf Jesus zu. Und Jesus fragte ihn ganz konkret: „Was willst du, daß ich für dich tun soll?". Die Antwort von Bartimäus kam wie aus der Steinschleuder katapultiert: **„Ich will wieder sehen!"**.

Logo, sagt Ihr jetzt vielleicht. Aber ich fand das im ersten Moment gar nicht so logisch. Ich hatte die Bitte nach einem ordentlichen Almosen, einer Spende erwartet. Aber doch nicht so etwas. Da gibt Jesus ihm den kleinen Finger und Bartimäus nimmt gleich die ganze Hand. Oder anders gesagt: Jesus gewährt ihm einen Augenblick und Bartimäus will das Augenlicht.

Aber mir wurde doch relativ schnell klar, daß Bartimäus die einzige logische Bitte gegenüber Jesus ausgesprochen hatte. Wenn dieser Jesus einen schon anspricht und zu sich ruft bzw. in diesem Fall rufen läßt, dann hat er nicht vor, einen mit Almosen abzuspeisen. Und es wäre höchst dümmlich, Jesus um vergängliche, materielle Dinge zu bitten. Das habe ich bei meinen Einsätzen immer wieder beobachtet. Jesus wollte und will das Leben derjenigen verändern, mit denen er zusammentrifft. Positiv verändern.

Und auch in diesem Fall geschah ein Wunder. Jesus sagte einfach. „Gehe hin, dein Glaube hat dir geholfen". Kein großes Hokus Pokus und keine rituelle Zeremonie. Wenn auf eine Situation die Redewendung „Worte haben Macht" passt, dann war es diese.
Bartimäus konnte tatsächlich wieder sehen. Hundertprozentig. Das war keine Einbildung. Und auch keine Selbstheilung durch positives Denken oder besondere Willensanstrengung. Jesu Worte hatten das bewirkt.

Manchmal weiß ich wirklich nicht, was ich von all dem halten soll. Bin hin- und hergerissen zwischen meiner Loyalität gegenüber meinem Arbeitgeber und der damit verbundenen Erfüllung meines Auftrages und der Realität der Erlebnisse mit Jesus. Ich möchte so gerne mal über meinen Schatten springen und mit diesem Jesus reden, aber ich trau mich nicht.

Übrigens, als Bartimäus wieder sehen konnte, also auch eigenverantwortlich entscheiden konnte, hatte er nichts Besseres zu tun, als Jesus nachzufolgen. Ich dachte ja, der holt jetzt erst einmal all das nach, was er bisher versäumt hat. Aber was hatte er schon versäumt? Wem Jesus die Augen öffnet, der kann anscheinend das Wichtige vom Unwichtigen unterscheiden.

Manchmal frage ich mich wirklich, wer hier eigentlich blind ist. Der Glaube an Jesus hat geholfen um wieder sehend zu werden. Das ist sicherlich nicht nur im Bezug auf das Augenlicht gedacht. „Gehe hin, dein Glaube hat dir geholfen", heißt ja nichts anderes als: „WER'S GLAUBT, WIRD SEHEND!"

Da will ich noch mehr drüber erfahren. An diesem Jesus bleib ich dran. Hoffentlich behalte ich den Observierungsauftrag.

3 VERSAMMLUNGS-STÖRUNG MIT FOLGEN

Shalom und einen schönen guten Tag! Eigentlich bin ich gerade auf der Suche nach einem Ort, an dem ich in Ruhe einen weiteren Bericht für meine Dienstbehörde abfassen kann, der unbedingt noch fertig gestellt werden muß. Selbst wenn ich gerade Urlaub habe und unterwegs bin. Über die Vorfälle in Kapernaum. Meine handschriftlichen Notizen, die ich auf irgendwelchen Papyrusschnipseln während der Observation gemacht habe, sind mir gerade wieder in die Finger gekommen. Lagen schon lange bei mir rum, werden so aber leider nicht angenommen. Deshalb werde ich heute Abend wohl noch mal aktiv werden. Und dann einen Kurierdienst hier in der Gegend finden müssen, der den Bericht in die PGS-Zentrale aufs Festland bringt. Wird sowieso etwas dauern bis er dann hier von der Insel aus dort ankommt.

Da ich hier Licht gesehen und scheinbar noch etwas los ist am „Storytable", dachte ich: schaust erst mal dort wieder vorbei. Ist bisher einfach immer nett gewesen mit euch zusammenzusitzen.

Aber lange Zeit habe ich heute wirklich nicht. Mein Dienstvorgesetzter hat jetzt schon zweimal den Bericht von den Vorfällen in Kapernaum angemahnt. Heute Abend muß er fertig werden. Sonst wird mir nachher doch noch der Observationsauftrag entzogen. Und das möchte ich nun wirklich nicht.

Ach so, ich sehe einige neue Gesichter hier am Tisch. Deshalb noch mal ganz kurz: Meine Name ist Sebadja. Beschäftigt bin ich beim PGS. Beim Pharisäischen Gesetzesschutz, in Israel, auf dem Festland und schon seit Monaten mit der Observation dieses charismatischen Wanderpredigers Jesus beschäftigt.

In Jerusalem, dem Sitz des pharisäischen Rates, also im Grunde genommen der Kirchenleitung, aber auch der Führungselite unseres Landes, waren nämlich jede Menge Hinweise aus der Bevölkerung eingetroffen: WANDERPREDIGER JESUS PREDIGT VOR VOLLEN HÄUSERN. So etwas beunruhigte nicht nur die staatlichen und kommunalen Behörden, sondern natürlich besonders die kirchlichen. Konkurrenz, vor allem erfolgreiche, aus den eigenen Reihen ist nie sonderlich beliebt. Also schickte der pharisäische Rat ein paar offizielle Beobachter, um Lehre und Wandel des Wanderpredigers zu überprüfen.

Natürlich sitzen diese Beobachter bei den öffentlichen Auftritten von Jesus vorne in der ersten Reihe, um alles genau beobachten zu können und notfalls sofort eingreifen zu können.

Und dann sind da noch wir vom PGS. Wir müssen in unserem Auftreten wesentlich zurückhaltender sein. Sollen ein bisschen das Umfeld beleuchten, sondieren, auf Details achten, schauen, wer alles zuhört usw.

Bei einem unserer letzten Zusammentreffen erzählte ich ja schon, daß sich die Observation dieses Jesus Christus als ein höchst interessanter Auftrag herausstellte, mit z.T. einmaligen Erlebnissen.

In Kapernaum gab es übrigens eine richtig heftige Versammlungsstörung. Die haben Jesus im wahrsten Sinne des Wortes das Dach abgedeckt, unter dem er eine seiner Reden gehalten hat.

Aber alles schön der Reihe nach. Wenn ich euch schon aus meinen ja eigentlich geheimen Aufzeichnungen berichte, dann sollt ihr das auch richtig mitbekommen. Ihr wißt es ja mittlerweile, eigentlich dürfte ich es nicht. Eigentlich ...

Aber die Erlebnisse und Erfahrungen, die ich durch meinen Auftrag mit diesem Jesus mache, die kann ich nun wirklich schwer für mich behalten. Da kann die nächste Beförderung von mir aus noch Jahre auf sich warten lassen.

Kapernaum ist eine Stadt am Nordwestufer des Sees Tiberias, im Land Genezareth, auf der Grenze zwischen dem Herrschaftsgebiet des Phillipus und des Herodes Antipas. - Alles klar ?!? O.K., diese Info könnt ihr von mir aus auch wieder vergessen. –

Auf jeden Fall sprach Jesus in dieser Stadt in einem völlig überfüllten Haus. Man hatte fast den Eindruck, der ganze Stadtteil würde sich in und um dieses Haus versammeln. Ich natürlich mitten in der Menge. Und auf einmal, Jesus war gerade so richtig schön in Fahrt, fing es auf dem Dach über uns an zu rascheln und der erste Putz rieselte von der Decke. Ein bisschen Stroh war auch dabei. Dazu müßt ihr wissen, daß die Dächer der Wohnhäuser in dieser Gegend in der Regel flach sind und die Hohlräume zwischen den Balken mit Zweigen und Lehm gefüllt werden.

Na ja, auf jeden Fall nahm das Rascheln zu, erste Löcher erschienen in der Decke und schließlich war fast das ganze Dach freigelegt. Das Zimmer wurde von hellem Tageslicht durchflutet und auf einmal schwebte durch die Dachöffnung eine Trage, auf der ein Mann lag. Gelähmt! - wie sich bald herausstellte. Diese Fracht wurde direkt vor Jesus abgesetzt. Natürlich schwebte sie nicht herein, sondern wurde an vier starken Seilen herabgelassen, wie man beim zweiten Hinsehen feststellen konnte.

Oben an der Dachöffnung konnte man in vier lachende Gesichter blicken, die sich anscheinend diebisch über ihren Coup freuten. Über die normalen Wege wären sie auch kaum so nahe an Jesus herangekommen. Aber sie wollten ihren Freund, der da jetzt auf seiner Trage vor Jesus lag, unbedingt zu Jesus bringen. Auch bis zu ihnen hatte es sich herumgesprochen, daß dieser Jesus nicht nur gut reden konnte, sondern angeblich auch die Gabe hatte, Kranke zu heilen.

Da sie keine Chance sahen, durch die fast undurchdringliche Menschenmenge mit ihrem Freund auf der Bahre in das Haus zu gelangen, wählten sie einfach den Weg übers Dach.

Die ganze Aktion zog natürlich einen großen verbalen Tumult nach sich. Oben, an den Rändern der Dachöffnung standen die Freunde des Gelähmten mit erwartungsvollen Gesichtern. So als wollten sie sagen: Nun mach doch Jesus. Mach ihn gesund. Wir wissen, daß du es kannst.

Aber Jesus, der sich nach der Überraschung auch erst einmal sammeln mußte, sagte nach einer kleinen Pause einfach nur: „Mensch, deine Sünden sind dir vergeben". Wortwörtlich! Nicht mehr und nicht weniger. Wäre ja auch unnormal, wenn er einmal direkt das tun würde, was man von ihm erwartet.

„Mensch, deine Sünden sind dir vergeben". Das war natürlich ´ne echte Überraschung. Jeder hatte mit einer Krankenheilung gerechnet und stattdessen war Sündenvergebung angesagt. Natürlich gab das zunächst einmal lange Gesichter ringsherum. So eine richtige

Showeinlage mit Krankenheilung, Beinverlängerung, Lebensvision und anschließendem „Hände runter, wer Kaffee will", wäre den meisten Zuschauern in dem Moment scheinbar lieber gewesen.

Nur bei den Theologen vom pharisäischen Rat, die, die immer in der ersten Reihe sitzen, bei denen gab es keine langen, sondern recht finstere Gesichter. Wahrscheinlich waren sie die Einzigen, die in dem Moment geschnallt hatten, was da lief. Als Theologen wußten sie natürlich: Kein Mensch kann Sünden vergeben.

Das kann nur Gott. Und wenn Jesus hier sagte „deine Sünden sind dir vergeben", behauptete er ja damit, daß er Gott ist, was in ihren Augen wiederum nur als Gotteslästerung gewertet werden konnte. Deshalb auch ihre finsteren Mienen. Jesus ahnte sicherlich, was die Pharisäer so bei sich dachten. Man konnte es ihnen fast an der Nasenspitze ansehen. Außerdem fingen sie an untereinander zu tuscheln: „Wer ist der, daß er Gotteslästerungen redet? Wer kann Sünden vergeben denn allein Gott?".

Jedenfalls sprach Jesus sie direkt an: „Was habt ihr da für Gedanken in Euren Herzen? Was ist denn leichter: zu dem Gelähmten zu sagen, dir sind deine Sünden vergeben oder: Steh auf, nimm dein Bett und geh?".

Wow! dachte ich sofort, keine schlechte Frage. Damit hatte er sie ganz schön in die Enge getrieben. Egal, welche Antwort sie jetzt geben würden, sie würden in jedem Fall Jesus bestätigen. Natürlich ist beides gleich schwer bzw. fast unmöglich.

Sicherlich ist eine Krankenheilung leichter nachprüfbar, wenn sie denn geschehen sollte. Aber ganz ehrlich, wer kann schon durch sein bloßes Wort jemanden gesund machen, geschweige denn einen Gelähmten zum Laufen bringen. Das kann doch wirklich nur jemand, der über den Dingen steht. Der nicht von den Umständen bestimmt wird, sondern der die Umstände bestimmt. Und wer sollte das anderes sein als der Schöpfer, als Gott.

Der kann natürlich auch Sünden vergeben. Das, was uns von ihm trennt, beseitigen. Beziehungsweise, die Kluft überwinden.

Eine echte Zwickmühle für die Pharisäer. Und Jesus hätte sie so richtig schön zappeln lassen können. Aber interessanterweise kostete er seinen Triumph nicht aus. Selbst gegenüber seinen ärgsten Widersachern verhielt er sich fair.

Er wartete erst gar keinen Antwortversuch der Pharisäer ab, sondern unterstrich die Ernsthaftigkeit seiner Aussage, indem er, zunächst zu den Pharisäern gewandt, sagte: „Auf daß ihr aber wisset, daß des Menschen Sohn Vollmacht hat, auf Erden Sünden zu vergeben...", dann wandte er sich dem Gelähmten zu: „sage ich dir, stehe auf, nimm dein Bett und gehe heim!".

Und wißt ihr was? Der Gelähmte tat es. Er stand auf, nahm sein Bett und ging raus. Vor allen Leuten. Natürlich waren die völlig aus dem Häuschen, als sie das sahen. Alle schrien durcheinander. „Mensch ey so etwas haben wir ja noch nie gesehen!". Andere jubelten und wieder andere klatschten Beifall.

Nur die Pharisäer standen in der Ecke wie ein Häuflein Elend. All ihre Theologie schien über den Haufen geworfen zu sein. Das heißt, eigentlich wurden sie ja bestätigt. Vor ihnen stand scheinbar wirklich Gottes Sohn. Aber das konnten und wollten sie wohl in diesem Moment nicht begreifen. Ohne sich noch einmal umzudrehen, trollten sie sich.

Jesus beruhigte inzwischen die Menge und beendete dann noch seine Predigt.

Wißt ihr, ich habe ja inzwischen, wenn auch beruflich bedingt, nun schon viele Situationen mit diesem Jesus erlebt. Und auch wenn ich nicht so denken darf und es mich unter Umständen meinen Job kostet: Ich glaube mittlerweile schon, daß Jesus Sünden vergeben kann. Da das aber eigentlich nur Gott kann, muß Jesus Gottes Sohn, also irgendwie Gott selbst sein. Schräge Gedanken, ich weiß...

Doch in all den Situationen, in denen ich Jesus erlebt habe, wo Jesus geredet hat oder wo von ihm geredet wurde, ging es fast immer um ihn, um seine angebliche oder tatsächliche Göttlichkeit. Um eine Entscheidung für oder gegen ihn.

Manchmal denke ich, ich muß da auch mal eine Entscheidung treffen.

Aber vorher schreibe ich erst noch einmal den Bericht für die PGS-Zentrale. Und trinke noch eine Karaffe Wein mit euch. Hier am Storytable...

4 HAUSBESUCH

Hallo! Schön, daß an eurem Storytable hier im Ort irgendwie immer ein Platz frei ist. Selbst wenn es voll zu sein scheint. Dann rückt ihr halt zusammen und schafft Platz. Macht man halt für eine gute neue Story. Kann ich gut verstehen. Ihr kennt mich ja mittlerweile. Obwohl, ich sehe auch ein paar Gesichter zum ersten Mal. Deshalb: Sebadja mein Name. Ich bin Mitarbeiter des PGS, des Pharisäischen-Gesetzes-Schutzes, und aktuell mit der Observation eines Jesus Christus beauftragt. Der in Israel aktiv ist, wo ich eigentlich herkomme. Auch wenn ich eigentlich Urlaub habe, wollte ich es mir nicht nehmen lassen, heute noch einmal vorbeizuschauen. Ich habe Euch beim letzten Mal eine wichtige Begebenheit sozusagen unterschlagen. Vielleicht erinnert ihr Euch. Ich hatte Einzelheiten aus dem Protokoll weitergegeben, das ich über die Begegnung von Jesus und dem blinden Bettler Bartimäus am Stadtrand von Jericho anfertigen wollte und mittlerweile auch geschrieben habe. Ist per Kurier schon unterwegs zur PGS-Zentrale.

In Jericho selbst ist es aber kurz vorher auch noch zu einer höchst interessanten Begegnung gekommen. Ich hatte ja schon mehrfach erwähnt, daß immer dort, wo Jesus persönlich hinkam, sehr viel los war. Die Menschen gerieten in Bewegung. Sobald sie hörten, daß er in der Gegend war, wollten sie hin zu ihm und ihn persönlich sehen. Wenn Jesus in die Gegend kommt, bleibt das einfach nicht verborgen. Und auch die Bevölkerung von Jericho machte da keine Ausnahme. Die Stadt war in Bewegung wie bei einem Volksfest. Jesus war umringt von Menschen. Sie jubelten ihm zu.

Aber Jesus schien das alles wie so oft gar nicht zu beeindrucken. Unangenehm war es ihm wohl auch nicht, aber er reagierte kaum auf die Huldigungen. Ab und zu lächelte er mal oder streichelte herumtobenden Kindern über den Kopf.

Auf einmal ging er schnurstracks auf einen Baum zu. Einen Maulbeerbaum. Die wachsen in unserer Gegend oft am Straßen- und Wegesrand. Sie sind ziemlich groß und gewaltig.

Bis zu 15 Meter hoch können sie werden und einen Stammumfang bis zu 10 Metern erreichen. So ein Maulbeerbaum trägt sogar essbare Früchte, obwohl sie ehrlich gesagt nicht besonders gut schmecken. Na ja, aber das nur nebenbei.

Jesus ging auch nicht deshalb schnurstracks auf diesen Baum zu, weil er Hunger hatte. Er hatte dort jemanden entdeckt. Klein von Gestalt. So'n laufender Meter. Und bei näherem Hinsehen - dadurch daß Jesus schnurstracks auf diesen Maulbeerbaum zulief, war natürlich auch meine Aufmerksamkeit auf diesen Baum gelenkt - also bei näherem Hinsehen erkannte ich, wer darauf saß. Kein geringerer als Zachäus, Leiter des Finanz- und Zollamtes dieses Bezirkes. Den kannte dort fast jeder. Ein gnadenloser Beamter. Dazu korrupt bis zum geht nicht mehr. Aber solange er regelmäßig sein Soll an die oberste Finanzbehörde abführte, ließ man ihn in Ruhe gewähren. In der Bevölkerung war er nicht beliebt, eher schon verhaßt. Und ausgerechnet auf diesen Typen ging Jesus zu.

Ich hatte ja nun schon einige Überraschungen bei meinem Observationsauftrag mit diesem Jesus erlebt. Aber trotzdem war ich wieder höchst gespannt, was nun wohl passieren würde. Alle hofften ja, daß er Zachäus endlich einmal die Meinung geigen würde.

Oder, noch besser, einen Blitz senden würde, der diesen Baum träfe. Aber nichts dergleichen. Stattdessen lud sich Jesus zu Zachäus nach Hause ein. „Komm schnell runter", rief er ihm zu, „denn ich muß heute in deinem Haus einkehren".

Was das nun wieder sollte, dachte ich. O.K., es war gerade Zeit für einen Nachmittagskaffee, aber wieso bei Zachäus? Doch ...

... dieser Zachäus schien auf nichts anderes gewartet zu haben. So schnell habe ich noch nie jemanden von einem Baum klettern sehen. Er war richtig freudig erregt. Er nahm Jesus und seine Gefolgsleute sofort mit und bewirtete sie in seinem Haus.

Das gab einen ziemlichen Shitstorm im Volk. „Bei einem Sünder ist er eingekehrt, was soll das?" „Bei diesem Dösbaddel!" Das waren noch die harmloseren Reaktionen aus der Menge. Andere meinten: „Wir stehen hier, jubeln ihm zu und er sucht sich den Abschaum unserer Gesellschaft. Kann ja wohl nicht angehen!"

Typische Reaktionen, dachte ich so bei mir. Wenn jemand erst einmal in einer Imageschublade steckt, kommt er da so schnell nicht wieder heraus. Obwohl ehrlich, ich hab' ja im ersten Moment auch so reagiert.

Wie ich im Nachhinein erfahren habe, hatte Zachäus einige Male probiert in die Nähe Jesu zu gelangen, um zu sehen wer er ist. Vielleicht auch um sich von ihm helfen zu lassen? Rührte sich da doch das schlechte Gewissen dieses hoch positionierten Menschen?

Auf jeden Fall kam er nicht an Jesus heran. Das Einzige, was er sah, waren fromme Rücken. Von Menschen die so damit beschäftigt waren Jesus zu feiern, aber nicht mehr den Blick frei hatten für die Menschen, die dringend zu diesem Jesus wollten.

Zachäus blieb auf jeden Fall gar nichts anderes übrig, als auf den Maulbeerbaum zu steigen.

Und nun hatte er Jesus bei sich zu Hause sitzen. Fenster und Türen natürlich geschlossen, um das revoltierende Volk draußen nicht zu hören. Bei diesem Treffen wäre ich ja zu gerne dabei gewesen. - So'n richtiges Insiderwissen bringt ja immer einige Pluspunkte in der Personalakte. - Es hätte mich brennend interessiert, was sie sich zu sagen hatten. Aber leider werde ich es wohl kaum schaffen, in diesen ganz engen Begleiterkreis von Jesus, in diese Zwölfergruppe hineinzukommen. Dann wäre es ja auch keine Zwölfergruppe mehr ...

Vor allem hätte mich interessiert, was Jesus dem Zachäus zu sagen hatte. Denn der trat auf einmal vor die Tür. Vor sich trug er eine Kiste voller Geldsäckchen. Ein paar Mitarbeiter seiner Zollstation brachten noch mehr mit.

Und Zachäus begann, das Geld an die Armen und Bedürftigen in der Menschenmasse zu verteilen. All denen er jemals in seiner Raffgier zu viel Steuern und Zölle abgenommen hatte, denen gab er das Vierfache wieder. Als ordentlicher Beamter hatte er natürlich Buch geführt und wußte so genau, was er wem schuldig war.

Über diese Aktion war ich natürlich höchst erstaunt. Ich hätte zu gerne gewußt, was Jesus mit diesem Zachäus angestellt hatte.

Denn so nachhaltig kann einen eine einzige Begegnung mit einem anderen Menschen doch nicht verändern. So nachhaltig, daß man gleich sein Leben radikal umstellt.

Aber... Jesus behauptete von sich ja auch immer wieder mal Gottes Sohn zu sein. Also mußte er wohl über andere Möglichkeiten verfügen. Wie dem auch sei. Auf jeden Fall stellte sich Jesus nach kurzer Zeit auch vor die Tür des Hauses. Zu Zachäus gewandt sagte er so laut, dass es jeder mitbekam: „Heute ist diesem Haus heil widerfahren." Das waren die Originalworte. Und dann noch, einige Zeit später: „Denn des Menschen Sohn ist gekommen, zu suchen und selig zu machen, was verloren ist."

Dass Jesus immer einen Blick und ein Ohr für die Menschen hat, die in einer Lebenssituation stecken, aus der sie ohne fremde Hilfe kaum noch heraus kommen, habe ich jetzt schon oft beobachten können. Auch wenn es ihnen äußerlich und finanziell gut zu gehen scheint, wie das ja bei Zachäus der Fall war. Jesus verändert aber nicht nur ihre derzeitige Situation, sondern sorgt radikal für neue Einstellungen zum Leben und für neue Lebensziele. Und interessanterweise wirken die Menschen, die diese persönliche Begegnung mit Jesus hatten, zufriedener. Das habe ich auch in eines meiner Protokolle geschrieben. Aber auf Anordnung meiner obersten Dienstbehörde mußte ich diesen Satz wieder herausnehmen. Das war nicht das Ergebnis, das man sich von diesem Observationsauftrag erhofft hatte. Trotzdem war und ist es die Realität. Ich merke langsam, daß sich immer mehr Konfliktpotential zwischen meinem Arbeitgeber und mir ansammelt.

Was mache ich nur, wenn Jesus mich mal direkt anspricht? Mein Gesicht ist ihm bestimmt schon aufgefallen. So oft, wie ich in seiner Nähe gewesen bin. Ob er auch weiß, welchen Beruf ich habe? Er wird mich bestimmt einmal ansprechen. Denn auch in der Masse sieht Jesus irgendwie immer den Einzelnen. Und er spricht das einzelne Individuum an.

Im Grund genommen hätte Jesus viele Dinge, die er Menschen direkt auf den Kopf zusagte, auch zu mir sagen können. Und ehrlich gesagt, habe ich mich auch oft mit angesprochen gefühlt. Das stand natürlich nicht in meinem Protokoll.

Hochinteressant wie das bei Zachäus ablief. Erst sagte Jesus: „Ich muß heute in dein Haus einkehren." Und dann, nachdem er das Haus wieder verläßt: „Heute ist diesem Haus heil widerfahren, ... denn des Menschen Sohn ist gekommen, zu suchen und selig zu machen, was verloren ist."

Und dazwischen diese wundersame Wandlung von Zachäus. Manchmal denke ich darüber nach, wie es wohl wäre, wenn Jesus mich mal in meiner Bude aufsucht. Manchmal wünsche ich mir das direkt. Oder wie es wohl wäre, wenn er sich hier mit an den Storytable setzen würde.

5 STEINEWERFEN?!? – OHNE MICH!

Tach zusammen. Es läßt mich einfach nicht los, immer wieder mal bei euch vorbeizuschauen, hier am „Storytable" eures idyllischen Bergdorfes und von dem zu berichten, was ich durch meinen Job so alles erlebe. Momentan möchte ich auftragsmäßig auch echt mit niemanden tauschen. Also, für diejenigen, die sich immer noch nicht genau an mich erinnern können oder zum ersten Mal dabei sind, stelle ich mich einfach noch einmal vor: Sebadja ist mein Name. Und beschäftigt bin ich beim PGS, beim Pharisäischen-Gesetzes-Schutz. Sozusagen dem CIA oder dem Bundesnachrichtendienst der herrschenden Klasse bei uns im Lande.

Zu meinem Hauptauftrag gehört schon seit geraumer Zeit die Observation dieses charismatischen Wanderpredigers Jesus. Ich hatte bereits einiges von ihm erzählt.

Bei aller Reiselust, die dieser Jesus scheinbar an den Tag legte und die ihn und seine Gefolgschaft und dadurch letztlich auch mich, kreuz und quer durchs Land führte, war er auch immer wieder gerne mal in Jerusalem selbst. Sozusagen in der Höhle des Löwen. Wenn man diesen Vergleich in Bezug auf die Pharisäer mal so anführen darf. Ihr braucht es ja nicht weiter zu erzählen, daß ich diesen Vergleich gezogen habe. Obwohl, was auf der Insel geschieht bzw. passiert, bleibt auf der Insel - oder?!?

Gerade ist er wieder mal da gewesen. Zum so genannten Laubhüttenfest. Das wird jedes Jahr gefeiert. Big Fete in unserer Gesellschaft. Hat was mit der Geschichte unseres jüdischen Volkes zu tun, auf die ich aber jetzt nicht näher eingehen will. Ist ja schließlich keine Geschichtsvorlesung hier.

Jesus war jedenfalls dieses Mal dabei. Im Tempel in Jerusalem. Die Führungsschicht unseres Volkes und meine Dienststelle, der PGS, hatte davon erfahren und war auf der Suche nach ihm - Tempelpolizei, Hohepriester und Pharisäer. Zunächst war er heimlich dorthin gegangen. Warum auch immer. Lange versteckt hielt er sich jedenfalls nicht. Während des Festes ging Jesus nämlich in den Tempel und predigte dort öffentlich. Er erregte ein ganz schönes Aufsehen. Irre. Richtig polarisierend der Mann. Entweder man ist für ihn oder gegen ihn. Ein dazwischen scheint es nicht zu geben. Man hätte ihn gerne festgenommen. Doch irgendwie traute sich keiner.

Eine ganze Menge Leute glaubten auch dem, was er von sich behauptete: Nämlich der oder ein Messias zu sein. Messias bedeutet soviel wie Retter. Von Gott gesandt, um für die Rettung der Menschheit zu sorgen.

Das war echt irre, was gerade auf diesem Fest in dem Jahr abging. Was um Jesus herum passierte. Er hatte schon fast den Status eines Popstars. Obwohl er diese Klassifizierung sicherlich weit von sich weisen würde. Selbst die Pharisäer, meine Auftraggeber, waren sich nicht einig und imstande, klare Anweisungen zu geben. Anweisungen, wie man jetzt, wo Jesus buchstäblich vor ihren Augen herumlief, mit ihm verfahren sollte. Als PGS-Agent konnte und kann ich logischerweise an allen öffentlichen und nichtöffentlichen Treffen der Leitungsgremien der Pharisäer teilnehmen und bekam diese Unsicherheit sehr schnell mit.

Dieser Jesus ist schon faszinierend. Allerdings würde ich es wohl nicht so deutlich in meinen Bericht schreiben.

Selbst die Tempelpolizisten, die den Auftrag hatten, alle Querulanten festzunehmen, trauten sich nicht an ihn heran. Von den Hohepriestern, den Tempel-Theologen und den Pharisäern zur Rede gestellt, antworteten sie nur entschuldigend: „Noch nie hat ein Mensch so geredet wie dieser Mann!" Viele von den Tempelpolizisten waren scheinbar auch von Jesus fasziniert. Und der Pharisäer Nikodemus, der Jesus früher übrigens schon mal heimlich besucht und mit ihm diskutiert hatte und durchaus Sympathien für Jesus und seine Botschaft zeigte, sprach sich gegen eine Willkür-Justiz aus. Der hat sich mit seinen Kollegen richtig gezofft. Auf jeden Fall ging man auseinander, ohne eine Entscheidung getroffen zu haben, wie mit Jesus zu verfahren ist. Eine direkte Schuld, die eine Festnahme wirklich gerechtfertigt hätte, war auf jeden Fall nicht nachzuweisen.

Jesus selbst ließ sich von der ganzen Aufregung scheinbar nicht abschrecken. Auch wenn er vorübergehend die Stadt in Richtung Ölberg verließ. Dort schien er irgendwo übernachtet zu haben. Dabei bin ich ihm diesmal aber nicht gefolgt. Irgendwann ist man ja auch mal müde und muß sich fit halten für seinen Job. Davon ab wäre es auch sehr auffällig gewesen.

Am Morgen darauf war er jedenfalls wieder im Tempel und fing an, die Leute, die schon da waren, zu unterrichten. Ich war natürlich dabei. Seiner Sache mußte er sich schon sehr sicher sein. Sonst hätte er sich doch nicht ständig so einer Gefahr ausgesetzt. Aber ich sagte ja schon bei einem unserer letzten Treffen, daß dieser Jesus kaum vergleichbar war mit Menschen, die ich bisher in meinem Leben getroffen hatte.

Dieses Mal schienen ihm die Pharisäer, also meine Auftraggeber, eine Falle stellen zu wollen. In diese Aktion war ich nicht eingeweiht.

Auch wenn es in diesem Fall eigentlich Sinn gemacht hätte, weil ich halt gerade vor Ort war. Nun ja, andererseits sollte meine Tarnung durch zu offensichtlichen Kontakt zu den Pharisäern ja auch nicht auffallen.

Wie gesagt, die Pharisäer schienen ihm diesmal regelrecht eine Falle stellen zu wollen. Jedenfalls schleppten sie eine Frau heran, die beim Ehebruch ertappt worden war. Wie und wo sie die so früh am Morgen aufgetrieben hatten, war mir auch nicht so ganz klar. Ob sie Hausrazzien in Jerusalem machten, um irgendwelche nicht genehmigten Pärchenbildungen oder Sexspielchen zu entdecken – ich weiß es nicht. Seltsam war auf jeden Fall, daß nur die Frau vorgeführt wurde und der dazugehörige Mann, der sicherlich genauso beteiligt war, nicht gleich mitgebracht wurde. Fingiert war die ganze Sache glaube ich nicht. Darauf läßt eine spätere Reaktion der Frau schließen.

Auf jeden Fall sollte sie benutzt werden, um Jesus vorzuführen. Und ihn aus der Reserve zu locken. Er sollte provoziert werden, etwas Falsches zu tun oder zu sagen. Man hätte ihn zu gerne jetzt schon festgenommen. Sie konfrontierten Jesus mit der Situation und sagten:

„Diese Frau wurde beim Ehebruch überrascht. Wenn wir das Gesetz des Mose befolgen wollen, müssen wir sie steinigen. Was meinst du dazu?"

Natürlich war das eine Fangfrage. Die aktuelle Gesetzeslage jedenfalls war eindeutig. Die Frau war fällig. Jesus mußte schon verrückt oder lebensmüde sein, um hier etwas anderes zu behaupten oder Partei für die Frau zu ergreifen. Also, auf seine Reaktion, in dieser Situation, war ich jetzt wirklich mehr als gespannt.

Und was machte Jesus? Kniete sich erstmal hin und malte irgendwelche Zeichen auf den staubigen Boden der Tempelhalle. Jetzt hättet ihr mal die Zornesadern am Hals der Pharisäer anschwellen sehen können.

Die scharten echt mit den Hufen. Sie forderten fast ultimativ eine Antwort von Jesus. Der ließ sich aber nicht großartig beeindrucken. Er schrieb erstmal weiter im Staub.

Und als sie immer hartnäckiger eine Antwort einforderten, da stand er langsam und bedächtig auf und schaute einen nach dem anderen der um ihn stehenden Pharisäer an, die ihn triumphierend angrinsten und sagte dann ganz ruhig, indem er dem Wortführer in die Augen sah: „O.K., steinigt sie."

Wer noch nie ein richtig erstauntes Gesicht gesehen hat, hier war die Gelegenheit. Und dann sprach Jesus weiter: „Aber den ersten Stein soll der werfen, der selbst noch nie gesündigt hat." Und dann schaute er ganz ruhig einen nach dem anderen an. Schließlich kniete er sich wieder hin und malte und schrieb weiter Zeichen in den Sand.

Die Atmosphäre war zum Zerreißen gespannt. So nach dem Motto, wer zuerst reagiert, sich zuerst bewegt, hat verloren. Auf einmal hörte man laute Aufprallgeräusche. Steine fielen auf Steinboden. Einige der anklagenden Pharisäer hatten wohl schon prophylaktisch ihre Steine mitgebracht. Ein Ankläger nach dem Anderen schlich sich stillschweigend davon. Nachdem meine Auftraggeber und ihre Helfer gegangen waren, gingen auch nacheinander die Zuhörer, die sich schon vorher um Jesus versammelt hatten. War ein bisschen blöd für mich, weil dann ja mein natürlicher Schutzraum fehlte. Also mußte ich mich hinter einer Säule verstecken.

Von dort bekam ich noch mit, daß zum Schluß nur noch die Frau mit Jesus allein dort rumstand. In einiger Entfernung liefen noch ein paar Tempelpolizisten auf und ab.

Was Jesus jetzt zu der Frau sagen würde, war nach meiner Meinung elementar wichtig. Deshalb versuchte ich wirklich jedes Wort mitzubekommen.

Zunächst mal stand Jesus auf und fragte die Frau: „Wo sind denn die Ankläger, hat dich keiner verurteilt?" Und als sie erwiderte: „Nein Herr", sprach Jesus: „Dann will ich dich auch nicht verurteilen. Du kannst gehen. Aber sündige nicht noch einmal."

Das war für mich ehrlich gesagt nicht ganz einfach einzusortieren. Aber genau so hat er es gesagt: „Du kannst gehen. Aber sündige nicht noch einmal." Kann man das so einfach sagen? Darüber habe ich lange gegrübelt und tue es auch heute noch oft.

Cool fand Jesus es scheinbar nicht, was da abgegangen ist zwischen der Frau und dem Typ, der ja leider nicht mit rangeschleift wurde. Er konnte sehr wohl Recht von Unrecht unterscheiden.

Sei es aus Sicht des Gesetzes oder aus Sicht der Moral. Und Ehebruch hatte er bei einer anderen schon einmal sehr deutlich verurteilt. Einen Freibrief stellte er hier also nicht aus.

Jesus hat einerseits sehr deutlich gemacht, ich verurteile dich nicht, aber andererseits genauso deutlich, daß bitte in Zukunft nicht mehr gesündigt werden soll. Damit wollte er nach meiner Meinung ausdrücken: Wenn ich dich schon aus einer lebensbedrohlichen Situation gerettet habe, sieh bitte zu, daß Du nicht noch einmal in so eine Situation kommst. Irgendwann ist vielleicht keine Zeit mehr für eine Rettungsaktion.

Irgendwie blickt dieser Jesus tiefer. Knechten und knebeln will er schon gar nicht.

Stattdessen irgendwie zu einem glücklichen und sinngefüllten Leben beitragen und eigentlich erst einmal ganz grundsätzlich dafür sorgen. Ohne dass man sich ständig vor peinlichen Entdeckungen fürchten muß. Dahinter scheint wirklich eine kaum zu begreifende Liebe zu stehen.

Was er wohl zu mir sagen würde? Häng deinen Job an den Nagel, Sebadja, und folge mir? Konsequenzen haben wird das alles, wenn man sich auf diesen Jesus einläßt. Andererseits sorgt er auch für bereinigte Situationen und neue Perspektiven. Gebrauchen könnte ich das. Was mach ich bloß, was mach ich bloß? Habt ihr darüber schon einmal nachgedacht?

Was meint ihr? Ja klar, ich komme gerne wieder vorbei. Es gefällt mir wirklich bei euch. Und die Idee eines Storytables müßte ich eigentlich auch mal in meinem Land präsentieren.

6 JESUS – WARUM EIGENTLICH?

Schön wieder hier zu sein, an eurem Storytable. Ich habe mal ein paar von den köstlichen Oliven hier und den guten Graviera-Käse mitgebracht. Weinkaraffen stehen ja schon da, sehe ich. Sonst hätte ich noch welche geholt. Danke für die nette Begrüßung. Freut mich, dass ich mittlerweile mit meinem Namen Sebada begrüßt werde. Und dass ich beim PGS, also beim Pharisäischen Gesetzesschutz in Israel arbeite, wisst Ihr ja auch mittlerweile. Und auch, dass ich mit der Observierung dieses Wanderpredigers Jesus beauftragt bin.

Ich komme gerade wieder von einem Einsatz zurück. Deshalb war ich länger nicht hier. Zum Glück dauert die Überfahrt mit den Zweimastern vom Festland zu eurer Insel nicht so lange. Das Papyrusprotokoll ist quasi noch tintenfrisch. Ich habe mir erlaubt, einfach eine zweite Ausfertigung für mich zu machen. War wieder eine starke Sache, die da gelaufen ist. Bis nach Nazareth folgte ich diesem Jesus diesmal. Also eines muß man sagen, bei diesem Job kommt man echt rum. Wenn ich diese Reisen als normaler Tourist unternähme, bliebe von meinem Sold nicht mehr viel übrig. Hatte ich vielleicht auch schon mal erwähnt. Wie gesagt, bis nach Nazareth ging es. Übrigens der Heimatort von diesem Jesus. Dort war er aufgewachsen. War ganz nett dort. Und da zunächst nicht allzuviel passierte, hatten wir auch Zeit, uns ein bisschen auszuruhen. Die Sonne schien, die Biergärten hatten geöffnet und es wehte eine leichte Brise. Wir saßen oft im Garten des Gasthauses, von wo aus man die ganze Ebene Jesreel überblickt. Manchmal konnte man in der Ferne eine Karawane beobachten, die auf der Straße von Damaskus nach Ägypten unterwegs war. So richtig schön sutje und gemütlich. Herrlich!

Aber dann kam es in Nazareth doch zu einer höchst interessanten Situation. Ich hatte wohl schon erwähnt, daß immer dort, wo Jesus persönlich hinkam, sehr viel los war. Die Menschen gerieten in Bewegung. Sobald sie hörten, daß er in der Gegend war, wollten sie hin zu ihm und ihn persönlich sehen. Wenn Jesus in die Gegend kommt, bleibt das einfach nicht verborgen. Und auch die Bevölkerung von Nazareth machte da keine Ausnahme. Außerdem war er hier bekannt wie ein bunter Hund und mittlerweile im Volk zu einer gewissen Popularität gelangt. Die ganze Stadt lief zusammen als bekannt wurde, daß Jesus mal wieder da ist. Quasi Volksfestcharakter!. Jesus war umringt von Menschen, die dem berühmten Sohn der Stadt die Hand schütteln wollten.

Aber auf einmal kippte die Stimmung. Eben noch wurde Jesus zugejubelt und auf einmal schlug ihm blanker Haß entgegen. Die Galiläer sind ja bekannt als heißblütiges und rasch handelndes Volk. Aber so etwas habe ich dann doch noch nicht erlebt. Es war am Ende eines Gottesdienstes in der Synagoge von Nazareth. Die Zuhörer des Synagogengottesdienstes trieben Jesus auf einmal vor sich her und wollten ihn eine Felsschlucht hinunterstürzen. Dazu kam es dann aber doch nicht. Irre Situation. Das Merkwürdige an diesem Stimmungsumschwung war aber, daß niemand anderes als Jesus selbst ihn herbeigeführt hatte. - Aber alles schön der Reihe nach:

Ich sagte schon, daß Jesus ein guter Ruf vorauseilte. Er sprach öffentlich in den Synagogen und fand allerseits große Anerkennung als Prediger. Dass er öffentlich in den Synagogen sprach, war nichts Ungewöhnliches. Er gebrauchte nur das Recht jedes israelitischen Mannes, an den Sabbaten in den Synagogen predigen zu dürfen. Dazu müßt ihr wissen, daß die Synagogen so eine Art „Aussengottesdienstersatzstelle" für unseren Tempel in Jerusalem sind. Schließlich kommt man da nicht jeden Tag hin. In den Synagogen trifft man sich Sabbats zum Gottesdienst. Außerdem ist eine Synagoge so ein bisschen das Zentrum der Erziehung für unsere Kids und des sozialen Lebens. Hier kann man auch mal gemeinsam abhängen.

Jeder Israelit, der im Gottesdienst, also Sabbats, etwas sagen will, muß sich durch Aufstehen bemerkbar machen. Am Anfang des Gottesdienstes werden Bücher aus dem Pentateuch, also aus den fünf Büchern von Mose gelesen. Den Schluß bilden dann Textabschnitte aus den Büchern von den Propheten. Wie Jesaja, Jeremia usw. usf.. Und zwischendurch singt man ein paar Psalmen, zeitgenössisch instrumentiert. Ich mag am liebsten die, die auch richtig schon grooven. Das mal so nebenbei. Aber eure Mucke hier gefällt mir auch gut.

Im Anschluß an die Lesung der Prophetentexte schließt sich häufig noch eine Auslegung an, wenn sich vorher Männer dazu bereit erklären.

Und so lief auch der besagte Gottesdienst mit Jesus ab. Als Jesus sich von seinem Platz erhob und dadurch anzeigte, daß er bereit sei einen Text aus einem der Prophetenbücher zu lesen, konnte ich beim Herumschauen in viele freudige und erwartungsvolle Gesichter blicken. Wie gesagt, der Ruf als guter Prediger eilte ihm voraus.

Der Synagogendiener brachte ihm die Rolle mit den Aufzeichnungen des Propheten Jesaja. Einer unserer bedeutendsten Visionäre und Schriftsteller aus alter Zeit. Aus dieser Rolle wurde schon an den vorangegangenen Sabbaten vorgelesen. Das konnte man deutlich daran erkennen, daß keine der beiden Rollenenden vollständig ab- bzw. aufgerollt war. Von daher hat, und das kann ich im Nachhinein gar nicht mehr anders bewerten, der von Jesus verlesene Text wirklich eine besondere Bedeutung. Jesus las von da aus weiter, wo die Rolle beim letzten Mal zusammengelegt wurde.

Da stand wörtlich - nachher, als alles ruhig war, habe ich mir vom Synagogendiener die Rolle noch einmal bringen lassen – Tja, so'n PGS-Dienstausweis macht halt einiges möglich. Außerdem war es ja wichtig für mein Protokoll. - Also da stand wörtlich:

„Der Geist des Herrn ist auf mir, weil er mich gesalbt hat, zu verkündigen das Evangelium den Armen; er hat mich gesandt, zu predigen den Gefangenen, daß sie frei sein sollen, und den Blinden, daß sie leben sollen, und den Zerschlagenen, daß sie frei und ledig sein sollen, zu verkündigen das Gnadenjahr des Herrn." [1]

Toller Text, dachte ich so bei mir. Aber auch nicht einfach. Ich war wirklich gespannt auf die Auslegung. Erst einmal setzte Jesus sich aber wieder hin. Ist so üblich in einer Synagoge, daß man sich zur Ansprache niedersetzt. - Alles starrte gespannt auf Jesus. Aber der sagte zunächst einmal gar nichts. Konzentriert schaute er in die Runde, sah vielen in die Augen.

Einigen lächelte oder nickte er freundlich zu. Wahrscheinlich Jugendfreunde. Wer weiß, was sie als Jugendliche alles zusammen angestellt hatten. Einige waren sicherlich ein Teil seiner Lebensgeschichte, seines Liebens, Glaubens und seines Hoffens.

Und dann begann er zu sprechen er zu ihnen. Langsam und bedächtig kamen die Worte aus seinem Munde: „Heute ist diese Schrift vor euren Ohren erfüllt worden."

Mir fiel fast die Kinnlade herunter. Das war ja wieder etwas für meine Auftraggeber. So etwas im Protokoll zu lesen, würde sie, die Pharisäer, vor Wut schäumen lassen

Der Abschnitt aus der Jesaja-Schriftrolle ist nämlich eine eindeutige messianische Verheißung. Gott will jemanden senden, der unserem Volk wieder sein Recht verschafft. Einen Christus, einen Retter. Und jetzt saß dieser Jesus in der Synagoge in Nazareth und sagte:

ICH BIN'S. Ich bin der Messias. Auf mich hat Jesaja gewartet. Auf mich wartet ihr.

Also ehrlich, den Auftritt des Messias habe ich mir immer anders vorgestellt. Knalliger, monumentaler und mit wesentlich mehr Medienrummel. Aber nix. Nicht mal der Lokalredakteur des Nazarether Tagesspiegel war dabei.

Jesus der Messias? Das würde ja bedeuten, daß die Gnadenzeit Gottes angebrochen ist. Ihre Verkündigung ist nicht mehr Weissagung von Zukünftigem, sondern Kennzeichnung der Gegenwart. Das bekomme ich noch gar nicht in meinen Kopf, dachte ich. Habe mich ja schon einige Male gefragt, warum die Leute ausgerechnet diesem Jesus nachlaufen.

Was macht die Faszination dieses Mannes aus? Weil er der Messias ist? Der von Gott Gesalbte, wie es immer so schön heißt? Das muß die Antwort sein. Wenn man sich auf ein Leben mit Jesus einläßt, dann unter dieser Prämisse.

Wißt ihr, ich habe ja nun schon viele Situationen mit diesem Jesus erlebt. Auch wenn sie beruflich bedingt waren. Und diese Erlebnisse haben schon ihre Wirkung bei mir gehabt. Dieser Mann fasziniert mich.

- Eigentlich dürfte ich dies gar nicht sagen, denn es könnte meinen Job kosten -

Aber in all den Situationen, in denen ich Jesus erlebt habe, ging es immer um ihn selber. Wo Jesus redet oder von ihm geredet wird, geht es immer um ihn. Um die Entscheidung für oder gegen ihn. Ich merke schon, daß ich da persönlich in eine ganz brenzlige Situation komme.

Na ja, wie dem auch sei, der Rest der Ereignisse in Nazareth ist übrigens schnell erzählt. Zunächst einmal bekam Jesus jede Menge Beifall von seinen Zuhörern. Was mich wegen der Provokation, die in seinen Worten steckte, doch zunächst ein wenig wunderte. Sie waren scheinbar richtig stolz auf den Sohn ihrer Stadt. Doch dann sagte er auf einmal noch Folgendes:

Moment, wo ist meine Notizrolle. Das muß man wirklich in den Originalworten hören. Ah, hier habe ich sie. Er sagte also folgendes:

„Sicher werdet ihr mir das Sprichwort vorhalten: ‚Arzt, hilf dir selbst! In Kapernaum hast du große Wunder getan. Zeig auch hier, was du kannst!‘ Aber ihr wißt doch: Keinem Propheten glaubt man in seiner Heimatstadt. Denkt an Elia! Damals gab es genug Witwen in Israel, die Hilfe brauchten; denn es hatte dreieinhalb Jahre nicht geregnet, und alle Menschen im Land hungerten. Aber nicht zu ihnen wurde Elia geschickt, sondern zu einer heidnischen Witwe in Zarpath bei Sidon. Oder erinnert euch an den Propheten

Elisa! Es gab unzählige Aussätzige in Israel, aber von ihnen wurde keiner geheilt. Naeman, der heidnische Syrer, war der einzige." [*2]

Mit einem Mal schlug die Stimmung um, wie auch anfangs schon erwähnt. Komisch, wie Menschen reagieren können. Scheinbar waren sie auf einmal empört über den Anspruch Jesu der Messias zu sein, der alles erfüllt was die Weissagungen berichten, und über die Anmaßung von Jesus, sie als so hilfsbedürftig zu behandeln, daß er ihnen als Arzt helfen müsse und sie auf seine Gnade angewiesen seien. Nun war er anscheinend auf einmal doch der einfache Bürger ihrer Stadt, der, den sie als Sohn eines Handwerkers kannten, das er selbst auch noch erlernt hatte. Wenn der schon die Vollmacht zum Propheten zu haben meinte, dann sollte er sich doch wenigstens durch so ein paar Wunder ausweisen. Aber die Antwort von Jesus war nüchtern und scharf zugleich. Durch die anfängliche Begeisterung hatte er sich scheinbar nicht täuschen lassen.

Im Gegensatz zur Witwe von Sarepta und zu dem syrischen Hauptmann Naeman, wirklich ausgewiesene Heiden, also „Nichtgläubige" aus Sicht unseres Glaubens, sah er bei seinen eigenen Leuten nur Unglauben und konnte und wollte darum nichts tun. Jesus wagte es die sogenannten Heiden höher zu stellen als sie.

Also, den Volkszorn hatte er sich wahrhaftig selbst zuzuschreiben. Die wollten ihn doch glatt eine Felsschlucht hinunterstürzen. Aber als ob er unter einem besonderen Schutz stand, ging er völlig cool, mitten durch ihre Reihen hindurch, seines Weges. Keiner rührte ihn an . Die noch wütende Volksmenge ließ ihn und seine Leute einfach passieren. Man kommt anscheinend gut durch., wenn man mit ihm unterwegs ist.

Wißt ihr was? Ich bleib da dran. An diesem Jesus. An ihm ist was dran. Diesen Observationsauftrag gebe ich freiwillig nicht ab.

Aber jetzt gebt Ihr mir doch mal was aus eurer Weinkaraffe ab.

1(Jesaja 61, 1+2)
2(Lukas 4, 23-27)

7 HAT NACHFOLGE FOLGEN?

Moin Leute! Vielleicht hätte ich lieber nicht so oft vorbeischauen sollen. Meinen Job bin ich nämlich los. Erstmal suspendiert. Aus dem Verkehr gezogen sozusagen. Bis ein förmliches Disziplinarverfahren durchgezogen wurde. Meine Gehaltsbezüge sind auch gekürzt. Wenn ich das ganze überstanden habe, gibt es wohl einen neuen Auftrag, Hoffentlich nicht im Innendienst. Akten verwalten oder so ein Gammel.

Meine Vorgesetzten haben Wind von meinen Reisen auf die Insel bekommen und vor allem von meinen Plaudereien an eurem Storytable. Außerdem meinen sie festgestellt zu haben, daß die von mir verfassten Protokolle der letzten Monate die nötige Distanz zu den Vorfällen mit diesem Jesus vermissen ließen. Das hat man nun davon, wenn man sich auf diese Person einläßt und mit ihr durch die Lande zieht. Auch wenn es nur berufsbedingt ist. Könnte mich den Job kosten.

Ach so, falls einige die letzten Male nicht dabei waren, als ich mich zu euch an den Storytable gesetzt habe, nicht mehr so ganz genau wissen, wer ich bin oder mich noch gar nicht kennen: Sebadja. Beschäftigt bin ich beim PGS. Beim Pharisäischen-Gesetzes-Schutz. Befasst bin ich mit der Observation dieses charismatischen Wanderpredigers Jesus bei uns in Israel auf dem Festland. Na ja, bisher jedenfalls.

Bei einem unserer letzten Zusammentreffen sagte ich ja schon, daß sich die Observation dieses Jesus Christus als höchst interessanter Auftrag herausstellt hatte. Dass dieser Auftrag mit zum Teil einmaligen Erlebnissen zusammenhing. Und mal ehrlich und unter uns: Es ist natürlich schon ärgerlich, daß ich zunächst einmal vom Dienst suspendiert bin. Und meine nächste Beförderung kann ich mir wohl auch für lange, lange Zeit von der Backe putzen. Obwohl ich ja gehofft hatte, sie durch gute Leistungen bei diesem Observationsauftrag beschleunigen zu können. Aber ich möchte diese Zeit nicht missen. Das, was mir diese Zeit mit Jesus persönlich gebracht hat, läßt sich durch keine Beförderung der Welt und keinen noch so hoch dotierten Spitzenjob aufwiegen. Außerdem habe ich jetzt ja noch viel mehr Zeit, die ich hier auf der Insel verbringen kann. Und an eurem Storytable. Und auch Zeit, mich noch mehr und ohne dienstliches Korsett mit diesem Jesus zu beschäftigen. Die zeitraubenden Protokolle zwischen den einzelnen Einsätzen fallen weg.

Eines muß ich allerdings noch abliefern. Und das wird sich inhaltlich mit dem Schärfsten beschäftigen, was ich bisher erlebt habe. Das schreibe ich aber hier, am Storytable. Morgen oder übermorgen früh, wenn hier noch nicht so viel los ist. Und schicke es dann per Kurier rüber auf's Festland in die PGS-Zentrale.

Da hat Jesus mal nicht in einer vollen Synagoge gepredigt oder irgendwo in einem großen Raum, sondern - tja, wie soll ich sagen - auf einem Berg oder besser von einem Berg herab. Eine für mich unübersehbare Menge von Menschen lagerte sich an diesem Berghang um dem zuzuhören, was Jesus da von sich gab. Besonders interessant war, daß Jesus eigentlich gar nicht zu dieser Menschenmasse sprach, sondern nur zu diesem harten Kern von Männern, die ihn ständig begleiteten und die im Volk Jünger oder auch Schüler genannt wurden. Jeder Redner, der zum Volk hätte sprechen wollen, wäre unten an den Hang getreten. Aber Jesus setzte sich oben auf den Berg, was bei einer geplanten Volksrede völlig unsinnig gewesen wäre, und seine Jünger traten zu ihm. Allerdings sprach Jesus schon so laut, daß wir anderen ihn gut verstehen konnten.

Sein Stil war anders als gewohnt, als ich es bisher von ihm gewohnt bin. Eher lehrmäßig. Auch inhaltlich glich die Sache sehr stark einem Grundsatzprogramm. Ich würde es fast als eine Art Magna Charta von der Königsherrschaft Gottes bezeichnen. Denn um die ging es sehr häufig. Ich bin mal gespannt, unter welchem Motto diese Rede in die Geschichte eingeht. Ob sie überhaupt eingeht. Vielleicht als die „Rede am Berg" oder die „Bergrede von Jesus".

Jesus nahm jedenfalls zu vielen Dingen Stellung. Am Anfang gab es programmatische Sätze, die ich als Seligpreisungen bezeichnen würde. Denn jeder Satz fing an mit „Selig sind...". Z.B. „Selig sind die Frieden stiften; denn sie werden Gottes Kinder heißen." Dann äußerte er sich zu den Themen Töten und Morden, Ehebruch, Ehescheidung, zum Schwören, zum Vergelten und zur Feindesliebe. Außerdem zum Spenden, zum Beten und Fasten. Dann sagte er noch etwas zum Schätze sammeln und zum Sorgen machen, zur Beurteilung anderer Menschen, zur Erhörung von Gebeten. Diese programmatischen Sätze fingen fast alle mit „Selig sind ..." an. Einer meiner Kollegen, der bei diesem Event zufällig dabei war, meinte im ersten Moment etwas amüsiert, daß man dem ganzen auch die Überschrift „Selig sind die Trottel..." geben könnte. Aber das sehe ich tatsächlich anders. Jesus philosophierte weiter über breite und schmale Wege, sprach sich gegen falsche Propheten aus und äußerte sich zum Ende seiner Rede zum Fundament seines Grundsatzprogramms.

Interessant war auch, was er zwischendurch mal über meine bisherigen Auftraggeber sagte. Das klang ungefähr so: „Wenn Eure Gerechtigkeit nicht ganz anderer Art ist als die der Schriftgelehrten und Pharisäer, werdet ihr nicht in das Himmelreich kommen."

- Da hättet Ihr mal in ein paar zornesrote Gesichter inmitten der Volksmenge blicken können. Die roten Lampen gingen an. Ich dachte erst, ich bin in einem anderen Viertel. Aber das nur am Rande.

Ich hab den Eindruck gewonnen, daß Jesus mit seiner Rede am Berg seinen Zuhörern so etwas wie eine Felswand hingestellt hat, sozusagen eine Felswand aus der Ewigkeit. Eine Granitwand, die alles bisher Gesagte und Geredete zerdrückt und zerschmettert. Ich habe noch niemals eine Rede über Menschenlippen kommen hören, die wuchtiger und umstürzender war als diese. Hier fand im wahrsten Sinne die Umwertung aller Werte statt: Der Mensch ist nichts. Gott ist alles. Aber Gott will dafür sorgen, daß wir wer sind. Deshalb auch Jesus.

Das übrigens, was Jesus ganz am Ende seiner Bergrede gesagt hat, beschäftigte mich noch eine ganze Weile und beschäftigt mich eigentlich immer noch. Habe ich mir natürlich wortwörtlich aufgeschrieben. Moment mal, irgendwo habe ich auch meine Papyrus-Notizrolle. Schiebt mal kurz die Öllampe rüber, damit ich meine Notizen besser lesen kann. Wird ja langsam dämmrig. Also, er hat gesagt:

„Wer meine Worte hört und danach handelt, der ist klug. Man kann ihn mit einem Mann vergleichen, der sein Haus auf felsigen Grund baut. Wenn ein Wolkenbruch niedergeht, das Hochwasser steigt und der Sturm am Haus rüttelt, wird es trotzdem nicht einstürzen, weil es auf Felsengrund gebaut ist. Wer sich meine Worte nur anhört, aber nicht danach lebt, der ist so unvernünftig wie einer, der sein Haus auf Sand baut. Denn wenn ein Wolkenbruch kommt, die Flut das Land überschwemmt und der Sturm um das Haus tobt, wird es mit großem Krachen einstürzen."

Ich habe den Eindruck, daß Jesus mit diesen Worten einfach noch einmal eines deutlich machen will: Im Gegensatz zu dem Rechthabenwollen meiner Auftraggeber, also der Pharisäer, leben Menschen, die Jesus nachfolgen wollen, völlig anders. Die Pharisäer propagieren dauernd, daß sie Gott verstehen würden oder ihm etwas vorrechnen könnten durch gute Taten. Ihm, Gott, also praktisch sagen könnten, wo es lang geht, wie er sich zu verhalten habe, wenn gewisse Kriterien erfüllt sind.

Jesus erwartet von seinen Jüngern, zu denen er ja eigentlich gesprochen hatte, dagegen etwas anderes: Einfach nur das zu tun, was Gott ihnen ansagt. Klingt simpel, ist aber manchmal schwierig. Da braucht man sich keine Extraregeln mehr ausdenken. Es geht nicht darum: Mach ja nichts verkehrt, sonst verpasst du das Leben! Oder: Prüfe dein Gewissen, ob du auch wirklich jedes Gebot bis ins Letzte gehalten hast. Es geht nicht um die Spitzenleistung eines Übermenschen, sondern einfach um ein Leben, das sich an Jesus orientiert. Darum, Orientierung zu suchen bei ihm.

„Darum, wer diese meine Rede hört und sie tut", hat Jesus mal gesagt, „der gleicht einem klugen Mann, der sein Haus auf den Felsen baute." Und diesem Haus können auch noch so widrige Umstände nichts anhaben.

Ich gewinne tatsächlich immer mehr den Eindruck, daß ein Leben, das sich lohnen soll, ein Leben ist, in dem ich auf Gott höre. Und das Gehörte beherzige im ganz normalen Alltag. Wobei Jesus schon für das Grundsätzliche gesorgt hat. Die Beziehung zu Gott für mich schon geklärt hat. Da muß ich mir nichts mehr verdienen, da hält er mir den Rücken frei. Damit mein Leben nun Qualität bekommt, muß ich einfach nur Jesus hinterherleben. Und zwar ganz, mit ungeteiltem Herzen. Das heißt, diese Nachfolge kostet unter Umständen Teile meines bisheriges Lebens.

Wenn ICH Jesus nachfolgen will, muß ich eine Kehrtwendung vollziehen. Dann kann ich die Ziele des PGS und des pharisäischen Rates nicht mehr mittragen. Wenn ICH Jesus nachfolgen will, muß ich raus aus meiner Selbstführung, meinem egoistischen Lebensstil. Raus aus dem Bestimmtwerden von Traditionen und Gruppenzwängen, aus dem einseitigen Verfolgen finanzieller Ziele. Dann muß ich raus aus diesem ideologischen und religiösen System.

Wißt ihr was? - Ich glaub, ich mach das jetzt. Und vertraue, dass Jesus mir helfen will, das Haus meines Lebens so solide zu gründen, also so ein gutes Fundament zu legen, daß ein großzügiger, zu mir passender Lebensraum entstehen kann, in dem ich mich wirklich zuhause fühlen kann. Ich vertraue einfach auf sein „Know How" als Architekt und Konstrukteur des Lebens und richte mich dann auch logischerweise danach. Ich tu einfach was Jesus sagt. Ich baue für die Ewigkeit.

Ja, das kann mich endgültig meinen Job kosten. Aber ich will mich nicht länger verbiegen für Karriere und Firmenphilosophie des PGS.

Ich weiß, wenn ich jetzt zu Jesus gehe, mich auf seine Seite schlage, wird es die Beschlagnahmung vieler meiner Lebensbereiche, unter Umständen auch meines ganzen Lebens bedeuten. Es gibt einfach keine halbe Nachfolge. Auch keine Nachfolge aus der Distanz heraus. - Als PGS-Agent zum Beispiel. - Und schon gar keine gedachte Nachfolge.

Ich werde mit dem nächsten Schiff noch mal auf's Festland fahren. Wenn ich morgen meinen letzten Bericht für den PGS fertiggestellt habe, nehme ich einen Esel runter zum Hafen und fahre rüber auf's Festland und gebe meinen Bericht höchstpersönlich in der PGS-Zentrale ab. Und dann schaue ich, ob ich Jesus noch mal live treffe, und ob er Zeit hat für ein Gespräch. Aber ich glaube, die nimmt er sich für mich. Habe ich ja auch schon mal hier am Tisch erzählt, daß Jesus auch in der Menge immer den Einzelnen sieht mit seinen Bedürfnissen. Auf dieses persönliche Gespräch bin ich sehr gespannt.

Und dann werde ich wieder zu euch auf die Insel kommen, an den Storytable. Bringe ein bisschen Wein mit aus meiner Heimat und wir veranstalten hier ein kleines Tasting mit eurem Inselwein und dem israelischen Wein. Und sprechen dabei über Jesus, wenn ihr wollt. Gibt ja noch viel mehr, als ich schon erzählt habe. Und wer ganz große Lust hat und Zeit, kommt einfach mit mir mit, um sich mal einen Liveeindruck von Jesus zu verschaffen. Ist schon echt faszinierend, ihm persönlich zu begegnen. Dann wird unser „Storytable-Stammtisch" noch interessanter, wenn noch andere ihre Eindrücke von ihren Begegnungen mit Jesus erzählen. Die können ja einen ganz anderen Eindruck als ich haben. Und dann werden unsere Diskussionen spannend.

Vielleicht auch kontrovers. Aber auf jeden Fall spannend und interessant. Da freue ich mich drauf. Stellt schon mal ein paar Karaffen Wein kalt und legt Oliven und vom guten Graviera-Käse beiseite. Frisches Brot holen wir dann, wenn ich und vielleicht noch ein paar andere von euch wieder zurück sind.

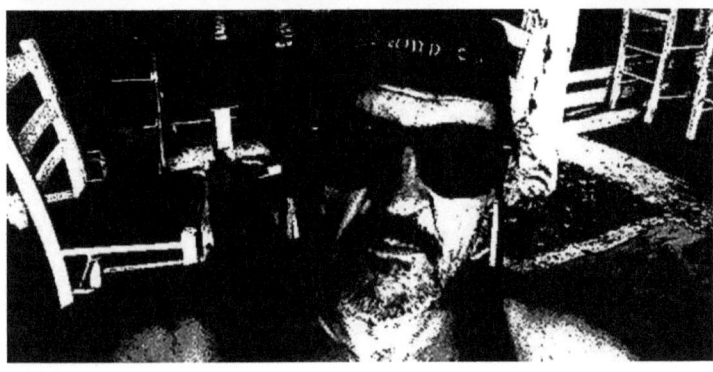

Wo steht's im Original?

1.
Anders als gedacht
Bibeltextgrundlage – Neues Testament: Markus 2, 23-28

2.
Wer's glaubt, wird sehend
Bibeltextgrundlage – Neues Testament: Markus 10, 46 - 52

3.
Gottesdienststörung mit Folgen
Bibeltextgrundlage – Neues Testament: Lukas 5, 17 - 26

4.
Hausbesuch
Bibeltextgrundlage – Neues Testament: Lukas 19, 1- 10

5.
Steinewerfen?!? – ohne mich!
(Bibeltextgrundlage – Neues Testament: Johannes 8, 1 – 11)

6.
Jesus – warum eigentlich?
Bibeltextgrundlage – Neues Testament: Lukas 4, 14-21
(auch bis Vers 30)

7.
Hat Nachfolge Folgen?
(Bibeltextgrundlage – Neues Testament: Matthäus 7, 24-27)

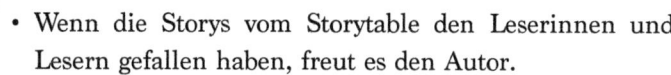

Hinterher

- Wenn die Storys vom Storytable den Leserinnen und Lesern gefallen haben, freut es den Autor.

- Wenn sie gedankliche Impulse gegeben haben, empfiehlt der Autor, sich diesen Gedanken zuzuwenden. Dazu sind sie da. Versuchen zu Ende zu denken und dann entscheiden, sie wegzupacken oder dranzubleiben.
- Wenn man dranbleiben will, liest man die Storys vielleicht noch einmal unter dem Gesichtspunkt eines Narrativs, mit den Fragestellungen „Wo kommen wir her? Wer sind wir? Wo gehen wir hin?"

- Wenn man noch mehr Storys dieser Art lesen möchte, empfiehlt der Autor, einfach mal in den ersten vier „Büchern" des Neuen Testaments der Bibel nachzuschauen (von den Autoren Matthäus, Markus, Lukas, Johannes).

- Wenn die Storys vom Storytable den Leserinnen und Lesern aber einfach nur gefallen haben und man das Buch dann erst einmal wieder zur Seite legt, freut es den Autor genauso (siehe Satz 1 ☺)

Infos zum Autor

Thomas Klappstein ist geboren und aufgewachsen im Großraum Hamburg (Ahrensburg/Großhansdorf). Freiberuflich aktiv als Autor, Presse- u. Öffentlichkeitsarbeiter, Redner u. a. auf Hochzeiten (Kontakt über die Internet-Plattformen ,Zeremonienleiter/Thomas Klappstein' oder ,Rent-A-Pastor/Thomas Klappstein') sowie Abschieds- & Trauerfeiern, Prediger.

Bisher über 25 Bücher als Autor und Herausgeber in diversen Verlagen. U. a. von 2012 bis 2018 die 7bändige Reihe ,Weihnachtswundernacht' im Brendow Verlag, mit neuen Kurzgeschichten von ihm sowie Autorinnen und Autoren aus seinem Netzwerk. Darüber hinaus Beiträge in diversen anderen Büchern und Publikationen (u. a. bei Rowohlt). Jahrelange redaktionelle Mitarbeit in diversen Zeitschriftenredaktionen. Gestaltet regelmäßige Radiobeiträge für die hessische Medienanstalt ERF.

Er ist gelernter Groß- und Außenhandelskaufmann (Ausbildung in Hamburg), studierter Theologe (Studium in Fritzlar), studierter Diplom-Verwaltungswirt (Studium in Hamburg). Als solcher früher u. a. Betreuung politischer Bezirksausschüsse im Bezirksamt Hamburg-Nord.

Ordinierter Pastor im Mülheimer Verband Freikirchlich-Evangelischer Gemeinden (MVFEG). Für diesen Delegierter in der ökumenischen Arbeitsgemeinschaft Christlicher Kirchen in Nordrhein-Westfalen (ACK-NRW). Früher hauptamtliche Gemeindearbeit als Pastor evangelischer Freikirchen im Ruhrgebiet. In Marl und Duisburg. Medienarbeit (PR & ÖFA) u. a. für den MVFEG und dessen MaiVestival, das von ihm auch inhaltlich mitentwickelt wurde.

Leitete 12 Jahre die ‚Follow The Son/Sun' Junge-Erwachsenen-Freizeiten in Calvi auf Corsica. Gestaltung von Segelfreizeiten des CVJM für Jungen aus sozial-problematischem Umfeld.

Er lebt mit Ehefrau Claudia, Sängerin, Musikerin und Lehrerin, im Duisburger S)üden, nahe der Sechs-Seen-Platte. Zwei erwachsene Kinder, Ronja (lebt in Hamburg) und Lennart (lebt in Frankfurt a. M.), von denen sie gerne besucht werden und die sie gerne besuchen.

Mit seiner Ehefrau Claudia ist Thomas Klappstein seit 2012 zum Jahresende, jeweils ab Mitte November, regelmäßig zu ‚Adventlichen Kunstpausen - Lesungen & musikalische Atempausen zur Weihnachtswunderzeit' in unterschiedlichsten Locations unterwegs. Es gibt auch ein gemeinsames Ganzjahres-Programm: „GESCHAFFEN UM ZU LEBEN – ‚Handverlesene' Geschichten & Texte und handgemachte Musik & Songs über das Leben, wie man es leben kann und was davon bleibt (Daß einer gestorben ist, heißt nicht, das einer gelebt hat) – eine musikalisch-literarische Atempause). Auch zu anderen Veranstaltungen läßt sich der Autor gerne einladen.

Kontakt und Infos über Email: ThoKla1@gmx.de oder Mobilfon: 0174/7642521)

Adventliche Kunstpause

Lesungen & musikalische Atempausen
zur Weihnachtswunderzeit

Adventlich-Weihnachtliches-Programm-
Angebot z. B. für Kulturschaffende und
(öffentliche) Kulturinitiativen

Unter der Herausgeberschaft von Thomas Klappstein sind
in den letzten Jahren 7 Bände der „Weihnachtswundernacht" in Folge als Buch im Brendow Verlag erschienen.
Mit neuen Kurzgeschichten, Erzählungen und Texten un-
terschiedlichster Autorinnen und Autoren für die gefühlt
oft schönste Zeit des Jahres, die einen bunten literarischen
Bogen spannen über die Ereignisse der Advents- u. Weihnachtszeit. Humorvolle und spannende Geschichten sind
genauso vertreten, wie nachdenklich machende und tief-
gründige Beiträge.

Wie bei einem Kaleidoskop entsteht jedes Mal ein anderes
Bild im Kopf des Lesers, wenn eine neue Geschichte gelesen
wird zum Thema Advent und Weihnachten. Der Fokus rich-
tet sich jeweils auf einen neuen Aspekt dieser „Weihnachtswundernacht", die vor knapp 2000 Jahren ihren Ausgang
hatte, und bis heute den jahreszeitlichen Kalender maß-
geblich beeinflusst. Unterhaltsam geschrieben, laden die
Geschichten ein, die Vorweihnachts-, Advents- und Weihnachtszeit mit ihrem Charme zu genießen und sich auch
von der Botschaft der Weihnachtswundernacht inspirieren
zu lassen.

Mit den Geschichten und Texten aus den Weihnachtswundernacht-Bänden haben der Autor und die Musikerin und Sängerin Claudia K. seit dem 1. Band jedes Jahr „ADVENTLICHE KUNSTPAUSEN - Lesungen mit musikalischen Atempausen

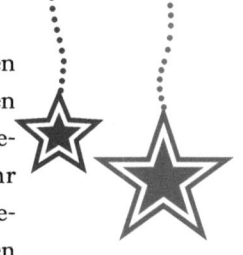

zur Weihnachtswundernacht" in den unterschiedlichsten Locations gestaltet (Bistros, Restaurants, Buchhandlungen und Bücherein, Dekoläden, „Wohnzimmerkonzerten", Kirchengemeinden etc.). Viele Veranstalter haben die „Adventlichen Kunstpausen" in ihrem jährlichen Veranstaltungsangebot fest etabliert. Die (neuen) Texte werden vom Autor ausgewählt und vorgetragen bzw. gelesen und Claudia K. sorgt für die musikalischen Atempausen.

Stimmungsvolle und atmosphärisch dichte Veranstaltungen, die für die Gäste entweder einen stilvollen Einstieg in diese besondere Jahreszeit bedeuten oder für eine kunstvolle Oase im hektischen Betrieb der Advents- und Weihnachtszeit sorgen.

In die wechselnden Programme fließen jedes Jahr eine Textauswahl aus allen veröffentlichen Bänden ein, dazu passende Musik - nicht nur weihnachtlich, aber immer passend (bei denen die Gäste auch oft und gerne mit einstimmen).

Eine „Kunstpause" in der Advents- und Vorweihnachtszeit, die bei den Zuhörern für überraschende, fröhliche, besinnliche und gerne auch herausfordernde Momente sorgen dürfen. Vielleicht auch einmal in Ihrer Region oder Institution? Oder bei Ihnen Zuhause?

Bei Interesse nehmen
Sie Kontakt mit dem Autor
dieses Buches auf:
Thomas Klappstein
Fon: +49(0)203/721428
Mobil: +49(0)174/7642521
Email: ThoKla1@gmx.de

Weitere Bücher von Thomas Klappstein:

- „Wunderkind – Neue kleine Geschichten zum großen Fest"
  BOD Verlag, Norderstedt 2023, ISBN 978-3-7578-2373-3

- „WEIHNACHTSWUNDERHOFFNUNG"
  Weihnachten ist unterwegs"
  Geschichten für eine besondere Zeit des Jahres
  BOD Verlag, Norderstedt 2022, ISBN 978-3-7568-8421-6

- „Autorenbeitrag in: „WEIHNACHTSGESCHICHTEN
  AM KAMIN 37"
  Herausgegeben von Barbara Mührmann, rororo (Rowohlt Verlag),
  Hamburg 2022, 2. Auflage Dezember 2022; 3. Auflage 2023

- „Weihnachten wird's"
  Geschichten zur Weihnachtswundernacht
  Brendow Verlag, Moers 2021, ISBN 978-3-96140-200-7

- „Es weihnachtet trotzdem wieder sehr"
  12 Geschichten, Texte und Impulse für eine besondere Zeit
  des Jahres
  BOD Verlag, Norderstedt 2021, ISBN 978-3-7543-4293-3
  Neuausgabe v. „Es weihnachtet trotzdem sehr" v. 2021

- „Daß einer gestorben ist, heißt nicht, daß einer gelebt hat"
  Die interessantesten Geschichten schreibt das Leben –
  die wenigsten werden erzählt, Leben vor dem Tod
  BOD Verlag, Norderstedt 2020, ISBN 978-3-7519-7351-9

- „Weihnachtswunderzeit - Kleine Geschichten zum großen Fest"
  Trio Infernale Edition * zusammen mit Frank Bonkowski und
  Mickey Wiese
  BOD Verlag, Norderstedt 2019, ISBN 978-3-74948-337-2
  Erweiterte Neuausgabe 2021, ISBN 978-3-7543-1590-3

- „Es weihnachtet sehr"
  Erzählungen zum Ankommen in der schönsten Zeit des Jahres"
  Brendow Verlag, Moers 2019, ISBN 978-3-96140-119-2

- **„WEIHNACHTSWUNDERNACHT Bd. 7**
  - Geschichten für die schönste Zeit des Jahres"
  Brendow Verlag, Moers 2018, ISBN 978-3-96140-066-9

- **„WEIHNACHTSWUNDERNACHT Bd. 6**
  - Geschichten für die schönste Zeit des Jahres"
  Brendow Verlag, Moers 2017, ISBN 978-3-86506-991-7

- **„WEIHNACHTSWUNDERNACHT Bd. 5**
  - Erzählungen für die schönste Zeit des Jahres"
  Brendow Verlag, Moers 2016, ISBN 978-3-86506-899-6

- **„Nicht alltäglich - 182 1/2 außergewöhnliche Andachten"**
  Brendow Verlag, Moers 2010, ISBN 978-3-86506-329-8
  2. Auflage Januar 2013 * 3. Auflage Mai 2016

- **Autorenbeitrag in: „WEIHNACHTSGESCHICHTEN AM KAMIN 30"**
  Herausgegeben von Barbara Mührmann
  rororo (Rowohlt Verlag), Reinbek bei Hamburg 2015
  2. Auflage Dezember 2015 * 3. Auflage Oktober 2016

- **„WEIHNACHTSWUNDERNACHT Bd. 4**
  - Erzählungen für die schönste Zeit des Jahres"
  Brendow Verlag, Moers 2015, ISBN 978-3-86506-782-1

- **„Weihnachtswunderlichter"**
  Einige Favoriten aus WWN 1-3 im Reclam-Format
  Brendow Verlag, Moers 2015, ISBN 978-3-86506-783-8

- **„WEIHNACHTSWUNDERNACHT Bd. 3**
  - 24 Erzählungen für die schönste Zeit des Jahres"
  Brendow Verlag, Moers 2014, ISBN 978-3-86506-670-1

- **„WEIHNACHTSWUNDERNACHT Bd. 2**
  - 24 Erzählungen für die schönste Zeit des Jahres"
  Brendow Verlag, Moers 2013, ISBN 978-3-86506-527-8
  Autorenbeitrag in "Winterwundernacht – 24 Geschichten
  bis Heiligabend" Nicolas Koch (Hrsg.)
  Brendow Verlag Moers 2013 * ISBN 978-3-86506-534-6

- „**Keine halben Sachen** - **182 1/2 neue außergewöhnliche Andachten**"
  Brendow Verlag, Moers 2013, ISBN 978-3-86506-525-4"

- „**WEIHNACHTSWUNDERNACHT**"
  - **24 Erzählungen für die schönste Zeit des Jahres**"
  Brendow Verlag, Moers 2012, ISBN 978-3-86506-405-9

- **Wenn sich der Himmel wieder öffnet - Menschen mit Schicksals-**
  schlägen erzählen", zwei Autorenbeiträge
  Hrsg. Susanne Hübscher/Nicolas Koch * Brendow Verlag,
  Moers 2012, ISBN 978-3-86506-375-5

- „**Jesus - Besser ist das! - 52 neue Heartbeats**", Das 3. Jesus Freaks
  Andachtsbuch, Brendow Verlag, Moers 2011, ISBN 978-3-86506-359-5

- **WEIHNACHTSGESCHICHTEN AM KAMIN 24**", Autorenbeitrag
  herausgegeben von Ursula Richter und Wolf-Dieter Stubel
  rororo (Rowohlt Verlag), Reinbek bei Hamburg 2009
  2. Auflage November 2010

- „**Jesus, was sonst?! - 52 Heartbeats # 2**",
  Das 2. Jesus Freaks Andachtsbuch,
  Aussaat Verlag, Neukirchen-Vluyn 2008, ISBN 978-3-7615-5666-5

- „**Kein Weihnachtsstress**", Aussaat Verlag, Neukirchen-Vluyn 2006,
  ISBN 3-7615-5508-3

- „**Verknallt in Jesus - 52 Heartbeats**", Das Jesus Freaks Andachtsbuch,
  Aussaat Verlag, Neukirchen-Vluyn 2006 ISBN 3-7615-5504-0 und
  Orkrist Verlag

- „**Volles Haus > Gottesdienste mit allen Generationen**",
  Aussaat Verlag, Neukirchen-Vluyn 2006, ISBN 3-7615-5305-6

- „**Junge Gottesdienste gestalten**"
  Aussaat Verlag, Neukirchen-Vluyn 2004 (Aus den Beobachtungsprotokol-
  len eines Geheimagenten des PGS - Pharisäischen Gesetzes-Schutzes)
  ISBN 3-7615-5383-8

THOMAS KLAPPSTEIN (HG.)

Wunderkind

Neue kleine Geschichten
zum großen Fest

THOMAS
KLAPPSTEIN

Daß einer
gestorben ist
heißt nicht
daß einer
gelebt hat.

Thomas Klappstein

WEIHNACHTSWUNDERHOFFNUNG

Weihnachten ist unterwegs